LA
CONSTITUTION FRANÇAISE

DÉFENDUE

CONTRE LE JOURNAL LE TEMPS.

EXTRAIT DE LA GAZETTE DE FRANCE.

La Constitution française est comme le soleil, il n'y a que les aveugles qui la nient.

PARIS,

Chez SAPIA, Imprimeur-Libraire, rue du Doyenné, n° 12, et rue de Sèvres, n° 16.

1841.

CONSTITUTION FRANÇAISE

CONTRE LE JOURNAL *LE TEMPS*.

POSITION DE LA QUESTION.

Nous nous sommes engagés à réfuter un travail du *Temps*, qui a contesté la vérité historique de nos principes. Nous venons, l'histoire à la main, remplir notre promesse. Le sujet est grave, car il s'agit de savoir si la France date de quatorze siècles, ou si elle date de cinquante ans; si les principes constitutifs qui forment ce qu'on pourrait appeler la nature et le tempérament de la société française, remontent jusqu'à Clovis, ou si elle tient toutes ses franchises et toutes ses garanties de la *Déclaration des droits de l'Homme* de M. de Lafayette.

Il importe, avant tout, de bien poser la question et d'indiquer à l'avance le système que nous suivrons dans cette discussion, et l'ordre dans lequel nous présenterons les preuves.

Nos adversaires ont tout mêlé, tout confondu. Toute leur argumentation consiste à ramasser au hasard des faits particuliers tendant à prouver que, dans les époques où ces faits se passèrent, les principes que nous regardons comme constitutifs dans la monarchie française, n'exercèrent point leur action. En d'autres termes, nos adversaires procèdent par une analyse arbitraire et confuse, ils contestent l'ensemble par le détail.

Nous ne saurions procéder de la même manière, par deux raisons fort naturelles et que peu de mots suffiront pour faire comprendre. D'abord nous pensons qu'il est beaucoup plus logique et plus raisonnable d'infirmer le détail par l'ensemble, que d'infirmer l'ensemble par le détail. Ensuite nous ne nions en aucune façon que l'empire des principes constitutifs de la société française n'ait été plusieurs fois suspendu. Tout au contraire, nous signalons l'époque de la féodalité et celle de l'avénement du protestantisme comme ayant amené une longue suspension de ces principes. Nous ne sommes pas plus disposés à contester que la violence des passions humaines, et la difficulté des situations, n'aient fait naître des abus qui en ont gêné l'exercice.

Mais de même que les maladies, ces perturbations momentanées de la constitution et du tempéramment des individus, n'empêchent pas ce tempérament et cette constitution d'exister et de se déve-lopper, de même nous pensons que la violation exceptionnelle et temporaire des principes constitutifs de la société française ne saurait faire révoquer en doute l'existence de ces principes, dès l'instant qu'on est en mesure de prouver qu'après toutes les violations, ces principes ont sans cesse reparu, et qu'au moment même de la révolution de 89, ils suffisaient à la réforme des abus, à la liberté, comme à la prospérité, et à la gloire de la société française.

Tel est le seul mode de discussion qui nous paraisse logique et vraiment digne d'esprits sérieux. C'est donc celui que nous suivrons, en nous contentant de réfuter ou d'expliquer les faits allégués par nos adversaires à mesure que ces faits se présenteront. En se mettant à la poursuite des détails, en traversant à vol d'oiseau l'histoire de France, en livrant une guerre de chicane à tel ou tel fait particulier, à tel abus, il est impossible de rien faire de complet et de régulier. Ce n'est plus une discussion raisonnée et suivie, c'est une satyre plus ou moins juste, plus ou moins spirituelle, mais qui ne nous conduirait pas à une conclusion.

Si nous voulions établir dans leur ensemble toutes nos idées sur la constitution de la France, il faudrait écrire un livre qui a été écrit déjà sous ce titre : *De la Restauration de la Société française* (1), et que personne n'a entrepris de réfuter. On y verrait que nous ne reconnaissons pas seulement un principe constitutif, mais cinq principes constitutifs en France, à savoir le principe

---

(1) Par M. de Lourdoueix.

territorial, le principe chrétien, le principe municipal, le principe monarchique, le principe de liberté politique, dont les développemens successifs et les combinaisons ou les luttes forment cette suite d'événemens qu'on appelle l'histoire de France. Mais nos adversaires n'ont pas donné à la question ce degré de généralité. C'est surtout et presque exclusivement l'existence du principe de la liberté politique représenté par des assemblées nationales, qu'ils contestent; c'est dans cette question que nous discuterons, en nous servant seulement de notre système pour expliquer les faits qui paraîtraient obscurs et résoudre les problèmes qui sembleraient insolubles.

Dans cette discussion, nous emploierons successivement trois ordres de preuves. On peut, pour établir une opinion, la considérer sous le point de vue des conséquences qui en découlent, et arriver à faire désirer qu'elle soit vraie, parce que ces conséquences sont bonnes et utiles. On peut l'envisager sous le point de vue des témoignages qui lui ont été rendus par un grand nombre d'hommes éminens, témoignages dont il résulte une haute présomption morale et une vraisemblance incontestable. On doit enfin la confronter avec les faits, afin d'arriver à l'évidence historique.

· Nous emploierons ces trois moyens qui, en logique comme en justice, mènent à la constation de la vérité : les preuves morales, les témoignages, les faits. En déroulant les conséquences de notre système et celles du système de nos adversaires, nous arriverons à démontrer que la France a le plus grand intérêt à ce que nos assertions soient exactes et vraies. En faisant un choix parmi les nombreux témoignages qui ont été rendus à la vérité historique que nous portons, nous convaincrons le public qu'il ne s'agit, en aucune façon, comme nos adversaires l'ont prétendu, d'une utopie rétroactive, rêvée par quelques esprits malades, ou d'un roman politique mis en avant par l'habileté d'un parti intéressé à tromper la France, mais d'une conviction partagée par les hommes de tous les temps et professée par les esprits les plus éminens. Après les témoignages, viendront les faits qui les confirmeront. Il est d'un grand intérêt pour la France que nos opinions soient conformes à la vérité historique ; les témoignages d'une foule d'hommes distingués et appartenant à des époques différentes la rendent plus que vraisemblable ; l'histoire prouve qu'elle est vraie, voilà l'ordre et la suite de toute notre argumentation.

LES PRÉSOMPTIONS MORALES.

C'est un grand préjugé en faveur d'une affirmation historique, quand on peut établir que les conséquences morales qui en sortent sont bonnes et utiles; de même que c'est un préjugé contre elle, lorsqu'on arrive à découvrir qu'en l'acceptant, on arrive à accepter des conséquences mauvaises et fatales. C'est pour cela qu'il nous importe qu'on sache lequel des deux systèmes mis en présence est le plus honorable pour la société française , le plus rassurant, le plus fécond en promesses, le plus propre à lui assurer un noble et heureux avenir.

Nous disons : « La liberté est ancienne, c'est le despotisme qui est nouveau en France. » Nous maintenons que, depuis l'origine de cette nation, il existe dans son sein des principes qui ont pu être souvent suspendus sans doute, mais qui n'ont jamais été abolis, et que ces principes, développés par le temps, garantissent l'unité et la force du pouvoir monarchique et la liberté politique de la nation.

Nous nous appuyons donc sur un passé de 14 siècles , pour demander que la liberté existe dans ce pays, parallèlement avec la monarchie, parce qu'elle y a toujours existé en droit, sinon en fait, parce qu'elle est ainsi au fond du caractère et du tempérament de la France.

Nous disons que depuis l'origine de la monarchie en France , c'est une règle constitutive que l'impôt soit voté par ceux qui le payent, qu'il soit pourvu à l'établissement des lois nouvelles qui sont jugées nécessaires, ainsi qu'aux grandes mesures qui ont pour objet le territoire, par le roi et les assemblées nationales, que cette règle a été proclamée et pratiquée, sous la première race, dans les Champs-de-Mars,sous la seconde race dans lesChamps-de-Mai, sous la troisième race dans les Etats-généraux, qu'elle a toujours reparu après les violations qu'elle a eu à subir , par suite de la difficulté des circonstances, des vices et des passions des hommes, et qu'ainsi on doit la considérer comme constitutive et comme fondamentale, et par conséquent comme d'autant plus propre à être de nouveau invoquée aujourd'hui que la féodalité et l'influence subversive du protestantisme, les deux principaux obstacles qu'elle a rencontrés, ont disparu.

On voit, du premier coup-d'œil, tout ce qu'il y a de logique, de fort et d'honorable pour la nation française, dans cette ligne. En effet, nous partons du passé pour revendiquer les droits du présent. Quand nous demandons la liberté politique pour ce pays, quoi de plus simple, de plus juste, de plus normal, puisque nous montrons les principes constitutifs de cette liberté, dans son histoire, depuis quatorze siècles ? Quoi de plus rationel que, lorsque la liberté a été dans les prémisses, elle soit dans la conclusion ? Ce que nous réclamons, c'est le développement légitime et naturel des destinées de notre patrie. Nous voulons faire porter à l'arbre les fruits dont il a donné les fleurs.Notre réclamation est conforme à la raison des choses et à la logique, comme à la justice et à la vérité.

Maintenant, en face de notre ligne, voici celle de nos adversaires.

Selon eux, toutes les années qui restent en deça de 89 sont marquées des hontes de la servitude et des excès de la tyrannie. Tout ce qui précède l'assemblée constituante est un chaos mêlé de résistances inefficaces et d'arbitraire tout puissant. Il n'y a pas de principes constitutifs de la société française. Pendant treize siècles et demi sur quatorze, le peuple français a été un peuple d'esclaves, gouverné au hasard et sans aucune action dans ses affaires ; les états généraux n'ont été que des accidents et des expédients. Il faut attribuer ces accidents à des rois besoigneux qui trouvaient là un moyen commode de pressurer leurs peuples. Aucun fait, avant la séance du Jeu de Paume, ne sort de cette uniformité de despotisme et de servitude ; les Français sont opprimés, pressurés, avilis, pendant treize siècles et demi. Ce n'est qu'au bout de ce long espace de temps que, par un résultat inespéré, la liberté surgit, comme par enchantement, du sein de l'esclavage. Une assemblée improvise, au milieu d'une nation d'esclaves, une constitution qui fait passer la société de l'état d'abrutissement et de servilité le plus misérable à l'état de la liberté idéale. On détruit la vieille monarchie, et de ses ruines s'élève un édifice improvisé qui porte tous les caractères de la perfection.

On voit tout ce qu'il y a d'illogique, de peu rationnel dans ce système, dont les partisans déclarent que la servitude a été dans les prémisses de notre histoire pour en induire que la liberté politique doit être dans la conclusion. Système qui consiste à prétendre que la France a été préparée par l'avilissement à la dignité, par l'asservissement à l'indépendance ; système d'après lequel on apporte treize siècles et demi d'ignominie et d'assujétissement comme le seul titre que possède ce pays à jouir d'une constitution honorable et libre.

Ajoutez à cela qu'il est impossible de reconnaître les avantages constitutionnels et la prétendue liberté dont le *Temps* assure que la France a joui depuis la révolution de 89.

A quelle époque, en effet, placera-t-il la liberté politique? Est-ce sous la Constituante? Mais c'est une époque de lutte, de violence, d'émeutes continuelles, de guerre ouverte entre les pouvoirs établis, de violations contre la liberté des personnes et des propriétés. D'ailleurs, c'est le moment de l'enfantement de cette constitution du sein fécond de laquelle doit sortir la liberté politique :

elle n'est pas née encore, on travaille à la créer. Est-ce sous l'assemblée législative? Mais les désordres s'accroissent, les violences s'aggravent; vingt-six ministres se succèdent dans l'espace de dix mois; le concours est absolument rompu entre les pouvoirs établis, la royauté est fugitive, puis prisonnière; la constitution à peine établie, est violée et détruite. Est-ce sous la Convention? On sait qu'alors la liberté politique fut réduite à se cacher devant les échaffauds, et que la constitution républicaine, à peine votée, fut ouvertement suspendue. On n'a pas oublié quel fut le sort de la constitution directoriale et de la liberté politique sous le directoire qui décima et déporta les majorités qui le gênaient, et écrasa les résistances des conseils sous le développement de la force-armée. Sous l'empire on n'osait plus même prononcer le nom de la liberté, et personne n'ignore que les constitutions de l'empire s'inclinaient devant la volonté de l'empereur. Il paraît qu'on ne fut guère satisfait de la destinée dont la liberté jouissait sous la restauration, puisqu'on a fait une révolution pour changer cette destinée, et que la charte n'était pas encore la véritable constitution française, puisque M. Bérard en a fait une nouvelle. On sait quels cris se sont élevés depuis la révolution de 1830, contre les effets de la corruption, de l'intimidation, et le *Temps* lui-même a été dix ans sur onze dans l'opposition, en signalant l'état de siége, les lois de septembre et mille autres actes, comme des infractions à la constitution, sans parler de tout ce que nous pourrions dire sur le cens à 200 francs, sur les 160 mille électeurs souverains, sur les 8 millions de propriétaires ilotes, sur les pétitions pour la réforme, sur les aveux faits dans les chambres et ailleurs.

Il résulte de ce qui précède que, depuis le mouvement de 89, les constitutions écrites succèdent aux constitutions écrites, que celle du lendemain détrône celle de la veille, sans qu'il soit possible de découvrir et d'établir quelque chose de durable, au milieu de l'instabilité des hommes, des choses et des idées.

On serait donc amené à penser, en adoptant l'argumentation du *Temps*, que non-seulement jusqu'à 89, mais en outre depuis 89 jusqu'à nos jours, il n'y a eu rien de constitué en France, puisque chaque jour on constitue quelque chose de nouveau; que cette conquête de la liberté, qu'il prétend avoir été faite en 89, n'a pas été faite, puisqu'on la recommence sans cesse depuis cette époque. Ainsi, après quatorze siècles, la constitution serait encore à faire, la liberté serait encore à fonder.

Tout esprit raisonnable serait contraint d'en induire que la France n'est pas faite pour la liberté; que, puisqu'il n'a pas été possible, depuis tant de siècles, de rien établir de durable et de permanent, elle est destinée à être gouvernée par le hasard des circonstances et à demeurer toujours à la merci de l'arbitraire. Conclusion de despotisme et de servitude, vraiment déplorable et injurieuse pour ce pays, mais qui ressort aussi logiquement du système du *Temps*, que l'on voit ressortir de notre système une conclusion de monarchie et de liberté.

On est maintenant à même d'apprécier les conséquences morales et politiques des deux systèmes, et l'on peut voir qu'en défendant nos idées,ce n'est pas seulement le passé,mais le présent et l'avenir de cette société que nous défendons. Nous avons le droit de le dire, l'honneur et la liberté de la France sont intéressés à ce que nous ayons raison contre le *Temps*. En effet, si nos adversaires sont dans le vrai, les partisans de l'arbitraire et du gouvernement despotique trouvent dans leurs paroles un argument invincible. Puisque la liberté est non-seulement nouvelle en France, mais qu'elle n'a jamais pu s'y acclimater, puisqu'il n'y a pas eu en France avant 89 de constitution, et puisque depuis 89 les constitutions n'y paraissent que pour mourir, il n'y a de possible que la servitude et la tyrannie, dans une société que tant de siècles ont façonnée au joug,et où la liberté n'est représentée que par des tentatives stériles et des essais impuissans.

Quelque déplorable que soit cette conclusion, si elle était conforme aux faits, il faudrait bien la subir ; car il n'y a pas de vérité contre la vérité. Si l'histoire de France reléguait nos opinions au rang des utopies, nous accepterions son arrêt, en gémissant sur la destinée de notre patrie, condamnée à servir de marche-pied au despotisme. Mais c'est là ce que nous contestons. Nous affirmons que notre système n'est pas seulement le plus honorable pour la France, mais qu'il est seul conforme à la vérité historique, et nous allons l'établir, d'abord par les témoignages, ensuite par les faits.

LES TEMOIGNAGES.

Si nous voulions citer tous les témoignages rendus à l'existence et à l'excellence de la constitution française, il faudrait écrire un livre. Nous sommes ici avec Machiavel, Burke, le chancelier de l'Hôpital, l'archevêque Marilhac, le duc de Bourgogne, Fenélon, Henrion de Pansey, Mme de Staël, Monthyon, Target, d'Eprémenil, les historiens dans leurs annales, les rois de France en leurs ordonnances de convocation, les parlemens dans leurs remontrances, les bailliages dans leurs cahiers remis aux députés envoyés aux Etats-Généraux.

Parmi tant de témoignages, nous prendrons au hasard, en évitant d'entasser les citations de manière à fatiguer l'attention, comme de les ménager de façon à les rendre insuffisantes.

Tacite, dans son beau livre sur la Germanie, a écrit cette phrase : *De minoribus principes consultant, de majoribus omnes.* C'est là le principe et l'origine de nos assemblées nationales. Du sein des hautes forêts transrhénanes qu'habitaient nos aïeux, partit, il y a maintenant quatorze cents ans, avec le principe monarchique, comme l'établit le docte Henrion de Pansey, le principe de ces assemblées, et c'est ainsi que les Francs payèrent magnifiquement leur bienvenue aux Gaules, en leur apportant les deux grandes bases de l'autorité et de la liberté.

Savarone énonce la même conviction : « L'usage de convoquer » les états-généraux, dit-il, est né avant la monarchie. »

C'était aussi l'opinion politique des écrivains qui rédigèrent l'Introduction au *Moniteur*, et qui appartenaient cependant aux principes auxquels le *Temps* est dévoué. « Plus on remonte vers les » premiers temps de la monarchie, lit-on dans cette Introduction, » plus on trouve de priviléges de liberté et de droit dans la so- » ciété française. »

Plusieurs siècles auparavant, le Florentin Machiavel énonçait une idée à peu près semblable, et ne paraissait pas croire que la société française fût ce cahos confus de tyrannie et de servitude que nos adversaires ont représenté avec des couleurs si sombres ! « Le gouvernement de France, dit Machiavel, est, à notre con- » naissance, le plus tempéré par les lois. Le royaume de France » est heureux et tranquille parce que le roi est soumis à une infi- » nité de lois qui sont la sûreté des peuples. »

« Quelques-uns, dit du Haillan, ont voulu dire que les rois di- » minuaient leur puissance de prendre l'avis et conseil des leurs ; » mais nos rois n'ont trouvé d'autre remède à leurs affaires, ni le » peuple en ses calamités, qu'en la convocation des Etats, qui a » toujours été la souveraine médecine des rois et des peuples. »

Charles de Marilhac, archevêque de Vienne, s'écriait dans un conseil : « On ne manquera pas de dire que les états-généraux » sont une vieille institution tombée en désuétude, et qui achève- » rait de tout perdre dans un moment de trouble et de division. » Je réponds que si ceux qui s'autorisent de la longue interruption » des états-généraux pour les réprouver, connaissaient l'histoire de » ces assemblées, il est au moins douteux qu'ils osassent s'autori- » ser d'un pareil titre. Car à quelle autre cause faut-il rapporter » les calamités que nous éprouvons ? Et n'est-il pas évident que si » les états eussent continué de s'assembler, la corruption ne serait

» point venue au point où nous la voyons? Leur cessation a ouvert
» la porte à une foule d'expédients nouveaux, de trompeuses res-
» sources et de larcins déguisés, qui ne cesseront de dévorer l'é-
» tat jusqu'à ce qu'il se soit rapproché de sa constitution première.»

Le grand L'Hôpital s'exprimait ainsi, dans l'assemblée de 1560 :

« On entend par le mot d'états-généraux l'assemblée de la na-
» tion entière, soit par elle-même, soit par ses représentans. Il me
» serait facile, en parcourant les diverses tenues d'états-généraux,
« dont les procès verbaux se conservent dans nos archives, de
» montrer en détail qu'ils ont opéré le salut de l'état, soit en pro-
» curant au roi des secours prompts et efficaces dans des momens
» de détresse, soit en réformant une foule d'abus destructifs et en
» donnant naissance à des lois salutaires et à d'utiles régle-
» mens. »

Voilà des témoignages qui suffisent pour établir, d'une manière péremptoire, que des hommes éminens ont cru à l'excellence de cette constitution française dont on essaie de contester l'existence. Si l'on prétendait qu'au moment de la révolution de 89 cette croyance était prescrite et n'existait plus, il nous serait facile de prouver le contraire par une foule de témoignages. Nous nous bornerons à en citer trois qui sont décisifs.

Le parlement de Dijon disait dans ses remontrances, en 88 :
« Cette constitution heureuse a conservé la monarchie depuis trei-
» ze siècles et a fait de la France le royaume le plus puissant de
» l'Univers. »

Target écrivait dans un ouvrage intitulé : *Les Etats-Généraux convoqués par Louis XVI* et qui fut publié en 1789 : «Tous les
» principes de la constitution nationale sont avoués, reconnus,
» consacrés par le roi lui-même. Le roi veut que la nation exerce
» la totalité de ses droits; il déclare qu'il entend la rétablir dans
» l'entier exercice des droits qui lui appartiennent. Il renonce à
» demander aucun impôt sans le concours des états-généraux.
» C'est à cette assemblée qu'il demandera des avis et des repré-
» sentations sur ses projets de législation. Le roi n'entend se ré-
» server de pouvoir que celui qui a toujours été dans les mains
» du monarque. »

D'Epréménil, dans un écrit publié également en 89, s'exprime ainsi : « Il y a des gens assez imbéciles ou d'assez mauvaise foi
» pour assurer que le royaume de France n'a point de constitu-
» tion. Quelle que soit sa constitution, la France en a une, c'est
» un fait. Cette constitution n'est pas despotique. Si, dans quel-
» ques circonstances, les rois ont exercé des actes d'un despotis-

» me très dur , ce n'est point un droit qu'ils ont acquis, cela est
» seulement un abus d'autorité dont tous les esprits ont été révol-
» tés. Cette constitution n'est point aristocratique non plus. En
» France , un seul ordre ne gouverne point les autres , il ne les a
» jamais gouvernés. Il est vrai que successivement tous les ordres
» ont cherché à étendre leurs prérogatives particulières.; que
» tous , autant qu'ils l'ont pu , ont tenté de se soustraire
» aux charges publiques. Il en a été toujours et partout
» ainsi ; mais de pareilles entreprises, pour avoir été for-
» mées, même mises à exécution, n'ont jamais pu faire loi.
» Cette constitution n'est pas démocratique , et il serait fort dan-
» gereux qu'elle le devînt. L'étendue du royaume de France ne
» comporte pas une pareille forme de gouvernement ; elle ne
» procurerait l'avantage d'aucun individu, elle porterait le désor-
» dre et la confusion dans toutes les parties du royaume. D'ailleurs
» on n'y arriverait qu'à travers des flots de sang. La constitution
» française est donc purement monarchique.»

Terminons cette liste par le nom de M.de Lamennais, qui a rendu dans un de ses plus beaux écrits cet éloquent hommage à cette constitution :

· « Il existait, il y a trente ans, une nation gouvernée par une
» race antique de rois *d'après une constitution la plus parfaite qui*
» *fut jamais* et selon des lois qu'on aurait pu croire à plus juste
» titre que celles des anciens Romains,*descendues du ciel,tant elles*
» *étaient sages, pures, bienfaisantes et favorables à l'humanité.* »

Si nous produisons des témoignages particuliers, c'est, nous le répétons, dans l'impossibilité où nous sommes de faire apparaître tout le témoignage de notre histoire nationale. Mais qu'on veuille bien se reporter aux années 1788 et 1789, on verra que la nécessité de convoquer les états-généraux était la pensée de la France entière ; que cette institution était tout aussi présente dans les écrits, dans les discours de cette époque,que le serait aujourd'hui dans les journaux de la gauche la chambre des députés si on retardait de six mois sa convocation annuelle.

Le mouvement de 1789 ne fut que le résumé de cette croyance d'un grand peuple dans sa constitution. C'est seulement à soixante ans de distance que ce témoignage perd ce qu'il avait d'imposant dans son unanimité et dans son ensemble.

III.

LES FAITS.

Les champs-de-mars de la première race.

Lorsqu'au milieu du cinquième siècle, les Francs firent la conquête d'une partie de la Gaule, les assemblées nationales furent d'abord de ce côté-ci du Rhin, ce qu'elles avaient été de l'autre côté. Clovis obligé de maintenir par l'épée, ce qu'il avait acquis à la pointe de l'épée, tenait son armée campée près de sa résidence. Pendant l'hiver les quartiers s'éloignaient un peu les uns des autres à cause de la difficulté des subsistances, mais, dès les premiers jours du printemps, l'armée se concentrait et formait ces grandes assemblées connues sous le nom de champs de mars (1). La nation était alors un soldat, et pour régler les affaires de l'état, elle s'asseyait ceinte de l'épée. Voilà la véritable origine historique des assemblées nationales, qu'on les appelle champs de mars, champs de mai, ou états-généraux.

Nos adversaires affirment qu'il n'y avait rien de réglé, de prévu, de défini, pour les assemblées nationales, et posent les questions suivantes : « Qu'y avait-il de réel dans cette représentation » dont les actes n'avaient aucune force légale, dont les principes » mêmes étaient à chaque instant contestés ? Comment et à quelles » époques les assemblées devaient-elles se réunir ? Quelle marche » devaient suivre leurs délibérations ? sur quoi devaient-elles dé- » libérer ? Les états-généraux étaient-ils protégés par des formes » et des précédens ? »

Voici, pour les assemblées nationales de la première race, une réponse à toutes ces questions.

Dans l'origine, les assemblées nationales se réunissaient autour du roi, au mois de mars, comme le nom qu'on donne à ces assemblées l'indique suffisamment. La composition de ces assemblées n'est pas douteuse. Les préambules des lois et les récits des historiens nous la révèlent à chaque page : *Populus, omnis vel cunctus populus, omnes vel cuncti liberi homines,* voilà les termes qui reviennent invariablement. Ainsi, à cette époque, les assemblées nationales n'étaient pas représentatives, elles étaient effectives.

Quant à leur nature et à leurs attributions, le roi Clotaire II, petit-fils de Clovis, s'exprime ainsi à ce sujet : « On les convoque parce

---

(1) Voir Henrion de Pansey, *Assemblées nationales en France.*

» que tout ce qui regarde la société commune doit être examiné
» et réglé par une délibération commune. » Bientôt ces assemblées
s'accrurent de tous les Gaulois notables qui, sous le nom de leudes,
commensaux du roi, se consacraient au service de l'état. Toutes
les affaires d'intérêt national y étaient traitées et décidées. Il y a-
vait en outre d'autres assemblées composées seulement des grands
et des familiers du roi, qui ne réglaient que des intérêts d'un
ordre inférieur et qui préparaient et discutaient les propositions
qui devaient être faites à l'assemblée générale. Vous reconnaissez
la belle formule de Tacite que nous avons déjà citée : « *De mino-*
ribus rebus principes consultant, etc. « Les affaires peu importan-
» tes sont réglées par les principaux, les affaires importantes par
» tous, de telle manière cependant que les affaires dont la décision
» appartient au peuple, soient d'abord discutées par les princi-
» paux. »

Voilà les véritables précédents des assemblées nationales, voilà
les formes qu'elles suivaient, voilà les affaires dont elles connaissaient dans les commencemens de la première race.

« Cet ordre de choses, dit M. Henrion de Pansey, se maintînt
» sous les premiers successeurs de Clovis, mais, sous ses petits-
» fils, un grand changement s'opéra. L'habitude de vivre sous le
» même régime ayant réuni les Francs et les Gaulois, et les deux
» peuples ne formant plus en quelque sorte qu'une nation, les con-
» quérants sentirent moins la nécessité de tenir l'armée réunie sur
» le même point. Les corps dont elle se composait furent canton-
» nés dans les différentes provinces. Placés à une grande distance
» du centre des affaires publiques, les soldats ne tardèrent point à
» perdre de vue les assemblées du Champ-de-Mars et négligèrent
» de s'y rendre. » Cependant, ajoute le docte écrivain, le principe
des assemblées nationales subsiste, leur composition seule est chan-
gée. C'est alors que les évêques *nommés par le peuple* et les magistrats municipaux se rendirent en grand nombre aux assemblées
générales pour prendre part aux discussions politiques. *Pontifices,*
majores, minores, sacerdotes. duces, comites, cives, oppidani, con-
veniunt, dit Soberus. La forme représentative, comme le fait ob-
server M. de Lourdoueix, fut introduite dans la constitution française par le principe municipal.

On le voit, ces assemblées politiques, que nos adversaires pré-
tendent n'avoir été que des expédiens et des accidens, sont constitutives et primordiales. Elles sont nées, comme l'a très bien dit
Savaron, avec la monarchie. On les rencontre sous la première
race avec des droits clairement exprimés, une force légale incontestable, une mission qui n'a rien d'équivoque ni de douteux ; et

par conséquent la liberté politique y trouve à la fois son application et sa garantie.

Il faut montrer maintenant que le principe de la liberté politique n'a pas eu seulement ce caractère constitutif et primordial qu'on lui contestait tout à l'heure, mais qu'il a eu aussi ce caractère de perpétuité et d'imprescriptibilité qu'on lui conteste sans plus de justice.

Les Champs-de-mai de la seconde race.

Il y a, dans le huitième siècle, une atteinte portée au principe monarchique, un changement de race a lieu, un concours de circonstances inouï favorise cette révolution. Cependant le principe de la liberté politique subsiste. On le retrouve dans les champs-de-mai de la seconde race, comme on l'a trouvé dans les champs-de-mars de la première. Plus de trente assemblées générales sont convoquées sous le règne de Charlemagne; on en compte vingt-cinq sous Louis-le-Débonnaire, et un nombre pareil sous Charles-le-Chauve.

Nous possédons des détails précis sur la forme de la convocation et de la délibération de ces assemblées, car ils sont donnés par l'archevêque Hincmar, contemporain de Charlemagne : « S'il fai-
» sait beau temps, dit-il, on s'assemblait quelquefois en plein air;
» sinon il y avait deux salles principales, l'une pour les évêques,
» l'autre pour les comtes. Il était libre aux deux chambres de dé-
» libérer à part ou en chambres réunies. Il y avait encore plusieurs
» autres salles pour le reste de l'assemblée, qu'on appelait *mino-*
» *res*. C'étaient les *notables*, les scabini ou échevins des villes et
» districts qui accompagnaient les comtes ou gouverneurs à l'as-
» semblée générale, et dont le nombre par chaque comté fut suc-
» cessivement augmenté, et enfin porté à douze par le deuxième
» capitulaire de Louis le Débonnaire, de l'an 819. Après que tou-
» tes les affaires de l'assemblée générale étaient finies et avaient
» obtenu la sanction royale, le roi complimentait l'assemblée sur
» ses travaux, et, en la congédiant ou en la prorogeant, chargeait
» spécialement chaque membre de s'informer scrupuleusement
» pour l'ouverture de l'assemblée suivante, s'il s'élevait quelque
» murmure ou mécontentement, et quelle pouvait en être la
» cause. »

Ces assemblées générales, on le voit, ne comptaient parmi leurs membres délibérants, que les comtes et les évêques, *élus par le peuple*. Le reste des nombreux citoyens qui se rendaient aux assemblées, *cætera multitudo*, conféraient entre eux et avec le roi;

mais on ne dit pas qu'ils votassent. Comment donc la formule que nous avons citée sous la première race : *Populus omnis, vel cuncti liberi homines*, recevait-elle son application? C'est ce que nous allons dire.

Comme la réunion de tous les Français en un corps délibérant était devenue impossible, « on prit, dit M. Henrion de Pansey, un » parti dont la sagesse étonne dans un peuple à peine civilisé. » Les assemblées nationales ne furent plus composées que des » grands et des évêques, et cependant le peuple ne fut pas déshé- » rité du droit de concourir à la confection des lois. »

Voici ce qui eut lieu. Les assemblées, composées comme nous l'avons dit, ne décidèrent souverainement que des causes appelées *minores*. Quant aux affaires plus importantes, *causæ majores*, on suivit une forme bien autrement solennelle. La loi était rédigée en simple projet, le projet adressé aux gouverneurs de province, qui réunissaient les assemblées de comtés, leur exposaient le projet, recueillaient leur vote et le communiquaient à l'assemblée. Celle-ci comptait les voix des provinces, elle ne faisait pas la majorité, elle la déclarait.

Il y a un texte très-formel et très-précis qui établit d'une manière victorieuse le caractère de généralité de ce vote, qui seul faisait la loi, car les décisions des assemblées particulières n'obtenaient que le titre de capitulaires. En 803, Charlemagne voulant faire quelqu'addition à la loi salique, soumit à la sanction du peuple ces nouvelles dispositions par le capitulaire suivant : « *Ut populus interrogetur de capitulis quæ in lege noviter addita sunt. Et postquam omnes consenserint, suscriptiones et manufirmationes suas in ipsis capitulis faciant.* »

En résumé, ce qui constituait les grands intérêts de la législation ne pouvait être décidé que par la nation entière ; les affaires du gouvernement ressortaient du roi, entouré des hommes les plus capables et les plus notables de son royaume. La grande distinction qui est le cachet des états monarchiques était déjà marquée.

La Féodalité suspend la Constitution.

Cette constitution nationale et monarchique fut profondément altérée par la féodalité qui s'établit sous les derniers règnes de la seconde race, avec l'hérédité des emplois et des gouvernemens. Les troubles excités au sein des familles royales par les partages qui se renouvelaient à chaque règne, et peut-être aussi le précédent qui avait eu lieu dans la famille des Carlovingiens, alors qu'ils avaient rendu la dignité de maire du palais héréditaire pour préparer leur usurpation, car rien ne se perd en histoire, aidèrent les possesseurs des fiefs à obtenir d'abord la continuation de leurs emplois au-delà du terme de l'investiture, puis à se les faire conférer à vie, puis à en faire assurer la survivance à leurs enfans.

Au moment où Hugues Capet prit le pouvoir, le roi n'avait plus de sujets, mais des grands vassaux, dont les devoirs et les droits étaient réglés par leurs titres d'investiture. Il ne pouvait pas y avoir d'assemblées nationales, parce qu'à proprement parler, il n'y avait pas de nation. Il n'y avait donc plus que des parlemens de grandsbarons, souverains à peu près indépendans, des réunions olygarchiques. La raison en est simple : il n'existait plus de franc et de libre que ces barons, qui, souverains dans leurs baronies, avaient remplacé par le lien féodal qui les rassemblait, l'unité nationale, qui confondait autrefois tous les les membres de la société française. La nationalité, c'est l'unité du territoire, du gouvernement, de la justice, la communauté de la paix et de la guerre. Or, autant de seigneuries autant de territoires, et, chaque baron étant juge en sa terre, levant l'impôt et battant monnaie, ayant droit de guerre et de paix, l'unité nationale était brisée en mille fragmens informes. Chacun des mille seigneurs féodaux en avait pris un débris pour étayer son pouvoir, à peu près comme l'Arabe du désert détache une colonne de son fût, dans les ruines qui furent Palmyre, afin d'y suspendre sa tente pour la nuit.

Quand on regarde de près l'établissement de la féodalité, il est difficile de ne pas demeurer convaincu qu'elle est une conséquence morale et politique de l'atteinte profonde que les Carlovingiens avaient été obligés de porter au principe monarchique, pour s'élever au trône. Tant que Pepin et Charlemagne vécurent, leur grandeur personnelle fit illusion ; mais quand ils ne furent plus là pour couvrir du prestige de leur gloire personnelle la brèche qu'ils avaient faite au principe monarchique, on traita la royauté dans leur personne, comme ils l'avait traitée dans la personne des Mérovingiens. Les possesseurs des fiefs furent autant de maires du palais qui se rendirent héréditaires et indépendans.

Les États-généraux sous la troisième race.

C'est ici qu'on va voir briller dans tout son jour la perpétuité et l'imprescriptibilité du principe de la liberté politique en France. Après trois cents ans de féodalité, c'est à dire après trois siècles pendant lesquels la vie nationale a été comme suspendue, les assemblées nationales doivent reparaître avec la nation.

Indiquons en peu de mots la manière dont s'accomplit cette restauration. Par le grand mouvement des croisades, le principe chrétien dégagea le principe monarchique qui, par l'octroi des chartes et la haute protection qu'il donna au mouvement d'émancipation des communes, dégagea le principe municipal ; ce principe, à peine dégagé, prêta sa force au principe monarchique pour dégager le principe territorial. Dès-lors la troisième race ayant reformé la société française, il est indiqué que le principe de la liberté politique reparaîtra bientôt ; la société, détruite par la féodalité, est refaite, elle peut être représentée. Ce travail de reconstitution avait duré trois cents ans, et ce fut sous le règne de Philippe-le-Bel qu'on entendit sonner l'heure des états-généraux qui devaient continuer, sous la troisième race, les Champs de Mars de la première et les Champs de Mai de la seconde. On voit combien il est impossible de soutenir sérieusement, en face de l'histoire, que les états-généraux sont des expédiens et des incidents.

Si nos adversaires avaient seulement prétendu dire, par ce mot d'*expédiens,* que ce fut une raison d'utilité publique et générale qui motiva le retour de ces grandes assemblées, ils auraient dit une chose profondément vraie, mais qui, loin de justifier leur opinion, confirmerait parfaitement la nôtre. Les assemblées nationales reparurent en effet parcequ'elles étaient éminemment utiles, et elles reparurent à l'occasion d'un grand péril que couraient la royauté et la nation.

Il s'agissait de résister aux violentes aggressions du pape Boniface et de maintenir la séparation du pouvoir temporel et du pouvoir spirituel, séparation qui est la base de toute liberté pour les nations. L'influence des papes était immense, le principe monarchique n'était point de force à lutter seul contre cette influence, et l'oligarchie des barons ne pouvait lui donner un concours assez puissant pour le rassurer. Ce fut alors que Philippe-le-Bel, comprenant qu'une assemblée vraiment nationale aurait seule le degré d'autorité morale suffisant pour l'appuyer, dans la grande lutte qui s'ouvrait, réunit la noblesse, le clergé et les représentans du tiers-état, c'est à dire de ces nombreuses communes qui participaient à la vie publique, depuis que le grand mouvement d'émancipation les avaient enfantées à la liberté. « Les communes et » les municipalités, lit-on dans l'introduction au *Moniteur,* rele- » vées de la servitude, parurent au roi Philippe-le-Bel assez puis- » santes et assez considérables pour être appelées aux grandes » sanctions du gouvernement. »

Cette assemblée des trois ordres reçut le nom d'états-généraux, « nom d'autant plus convenable, dit Voltaire, qu'il exprimait à la

» fois les représentans de la nation entière et des intérêts pu-
» blics. »

Ainsi, le grand principe des premières assemblées nationales des Mérovingiens et des Carlovingiens reparaissait au moins implicitement ; on apercevait qu'il y avait des questions qui ne pouvaient être résolues que par le concours de tous les hommes libres, légitimement représentés, *cuncti liberi homines.*

L'assemblée convoquée par Philippe-le-Bel accomplit merveilleusement sa mission. Le principe de la liberté politique prêta au principe monarchique la force dont il avait besoin pour défendre à la fois le pouvoir royal et la liberté humaine, que la confusion des deux pouvoirs aurait détruite. Voilà la magnifique introduction des états généraux dans notre histoire, et c'est ainsi qu'ils entrèrent dans l'héritage des Champs de mars et des Champs de mai. On vit tout ce qu'il y a de puissant dans une nation réunie autour de son roi, et dès-lors les assemblées nationales reprirent leur cours.

L'épreuve que Philippe-le-Bel venait de faire lui avait révélé toute l'énergie du principe ; il s'en était servi pour défendre l'autorité royale et en même temps la liberté publique ; bientôt après il l'employa pour obtenir un impôt nécessaire qu'on refusait avec obstination. Une preuve évidente qu'on le refusait plutôt à cause de la manière dont on le demandait qu'à cause de l'impôt en lui-même, c'est que la taxe, une fois votée par les états-généraux, ne rencontra plus de refus. On lit dans la sixième lettre du comte de Boulainvilliers sur les parlements de France « que Nico-
» las Gille et le Rosier de France disent positivement qu'il fut
» arrêté dans les états de Paris que l'on ne pourrait imposer
» aucun subside sur le peuple, si urgente nécessité, ou éviden-
» te utilité le requérait, que de l'octroi des gens des états. » Les états-généraux une fois institués, ou plutôt retrouvés, ne devaient plus discontinuer pendant un grand nombre de siècles, non pas en se rassemblant périodiquement, il est vrai, mais à des époques qui ne devaient pas être très éloignées en raison de l'axiôme proclamé : « Nul impôt nouveau ne peut être établi
» sans le consentement de la nation, » axiôme qui garantissait le retour de ces assemblées.

C'est ce que reconnaissent les écrivains politiques qui rédigèrent l'introduction au *Moniteur* : « Il fallut des fonds réguliers et con-
» sidérables, disent-ils ; les rois auraient bien voulu ordonner eux-
» mêmes ces contributions, plus d'une fois ils le tentèrent, mais
» la réclamation des gens éclairés les avertit de leur usurpation.
» Il fallut reconnaître que cette autorité appartenait à la nation

» assemblée et n'appartenait qu'à elle ; ils jurèrent même à leur
» sacre que ce droit sacré, inaliénable, serait à jamais respecté, et
» ce serment eut quelque force pendant plusieurs siècles. »

L'histoire donne peu de détails sur les assemblées nationales qui furent réunies en 1315 par Louis-le-Hutin pour l'établissement de nouveaux impôts, en 1316 pour le couronnement de Philippe-le-Long, en 1327 pour celui de Philippe-de-Valois, en 1329 pour les réformes à établir dans le luxe des habits. Mais ces dates suffisent pour prouver que l'institution, une fois retrouvée, ne se perdait plus.

Après avoir montré ainsi l'origine des états-généraux, et prouvé que cette constitution n'eut rien d'accidentel, puisque ce fut le principe de la liberté politique, qui, après avoir existé sous les deux premières races, reparut sous la troisième, dès que la nation française, divisée en mille fragmens par la féodalité, commença à se reformer, il reste à suivre le caractère de perpétuité des assemblées nationales, et à marquer l influence prépondérante qu'elles exercèrent dans nos destinées, deux points contestés par le *Temps* à l'aide de faits particuliers, deux points que nous établirons en substituant l'ensemble au détail, la règle à l'exception.

Parlons d'abord des états généraux de 1356, qui continuent la série des assemblées nationales dont nous avons parlé jusqu'ici, et qui furent convoqués afin de pourvoir aux extrémités auxquelles la France se trouva réduite pendant la captivité du roi Jean. Le *Temps* ne niera pas, du moins, que dans cette assemblée le principe représentatif, qui empiéta sur le principe monarchique, n'eût une action considérable, trop considérable, puisqu'elle alla jusqu'à l'usurpation des prérogatives du pouvoir exécutif qui appartient à la royauté. Pour assurer, comme le fait le *Temps*, que s'il y eut des assemblées nationales convoquées pour agiter des questions politiques, ce fut à des époques où le tiers n'était pas représenté, il faut ne pas avoir lu l'ordonnance de convocation du roi Jean qui dit, en propres termes, qu'il réunit avec les deux autres ordres « les » bourgeois et les habitans des cités, châteaux et bonnes villes » pour *avoir avis et délibération* sur la manière de résister aux » ennemis et à leur emprise ; » il faut avoir oublié que l'institution même des états généraux eut pour objet la question politique la plus grave, la séparation du pouvoir temporel et spirituel ; il faut mettre au néant l'histoire entière des états généraux. On y voit en effet ces grandes assemblées, y compris le tiers qui en fait partie intégrante, rejeter en 1359 le traité de Londres que leur avait soumis le roi Jean, et « déclarer d'une voix, aux messagers du » roi, qu'ils auraient plus cher à endurer et porter encore le

» grand meschef et misère où ils étaient, que le noble royaume de
» France fût ainsi amoindri et deffraudé, et que le roi Jean de-
» meurât encore en Angleterre (1). »

En 1369 on les voit délibérer sur l'ouverture que leur avait faite
Charles V qui, requis par les seigneurs et les habitans de la Guyenne
de recevoir les appels qu'ils avaient interjetés du prince de Galles,
venait demander aux états s'il avait bien fait, en ajoutant : « que
» si, dans cette affaire, on jugeait qu'il en eût trop fait, ou qu'il
» n'en eût pas fait assez, il trouvait bon qu'on le lui remontrast,
» et qu'il estait encore en estat de corriger ce que l'on retrouve-
» rait à reprendre dans la conduite qu'il avait tenue, qu'enfin il
» demandait conseil sur les fautes qu'il avait pu commettre dans
» cette affaire (2). » Il est difficile dans toutes ces circonstances de
trouver quelque chose qui ressemble à ces états *humiliés et avilis
de règne en règne* dont parle le *Temps*.

En 1381, on voit les états-généraux refuser les subsides, et le
refus se renouvelle encore pendant la démence de Charles VI, autre preuve de cette influence contestée, de cette efficacité que l'on
nie.

En 1467, les états-généraux, convoqués par Louis XI, prononc-
cèrent sur une question d'apanage, déclarèrent que jamais laNor-
mandie ne pourrait être séparée de la couronne, et que le duc de
Bretagne sera sommé de restituer immédiatement les places usur-
pées par lui dans cette province.

Ln 1488, les états-généraux tranchent une des questions politiques les plus importantes qui puissent se présenter, une question
de régence. Trois compétiteurs se disputaient la mission d'admi-
nistrer le royaume jusqu'à ce que le jeune roi eut atteint l'âge
d'homme. Quelle autorité prononcera entre eux? Celle des états-
généraux. C'est dans cette occasion que Philippe-Pot, seigneur de la
Roche, député de la noblesse de Bourgogne, prononça un discours
où l'on remarquait les paroles suivantes :

« S'il s'élève une contestation par rapport à la succession au
» trône ou à la régence, à qui appartient-il de la décider, sinon à
» ce même peuple qui a d'abord élu ses rois, qui a conféré toute
» l'autorité dont ils se trouvent revêtus et en qui réside foncière-
» ment la souveraine puissance? Car un état ou gouvernement
» quelconque, est la chose publique, est la chose du peuple, et,
» par le peuple, j'entends la collection ou la totalité des citoyens,

---

(1) *Chronique de Froissard.*
(2) *Chronique de Saint-Denys.*

» dans cette totalité, sont compris les princes du sang eux-mèmes
» comme chefs de la noblesse. Vous donc, qui êtes les représen-
» tans du peuple et obligés par serment de défendre ses droits,
» pourriez-vous encore douter que ce soit à vous de régler la for-
» me du conseil ? »

L'assemblée, convaincue par ce discours, trancha souverainement cette question, et accorda au roi « *par manière d'octroi et*
» *don et non autrement* » une somme d'argent semblable à celle
qui, du temps de Charles VII, était levée par le royaume , c'est à
dire qu'elle réduisit l'impôt des deux tiers. Encore n'accorda-t-elle
cette somme que *pour deux ans tant seulement et non plus.* Masselin, député de Normandie, qui présenta l'arrêté, s'exprima en
ces termes : « Si le prince apprend qu'un tribut même modéré est
» devenu inutile, il doit sur le champ en décharger le peuple; il le
» doit, c'est un devoir non une grâce ; le peuple dans une monar-
» chie a des droits et une vraie propriété, puisqu'il est libre et non
» esclave. » Après avoir cité des paroles si belles et si fières, ne
sommes-nous pas autorisés à dire qu'à mesure que nous déroulons
les pages de l'histoire, le roman satirique que le *Temps* a composé
contre la constitution de la France, s'efface et disparaît?

Au commencement du siècle suivant, vous allez voir les états-
généraux décider une question plus grave encore, car il s'agissait de l'existence même de la France. Louis XII s'était engagé ,
par le traité de Blois, à donner madame Claude de France, sa
fille et celle d'Anne de Bretagne, à Charles de Luxembourg. L'ap-
port de la jeune princesse, c'était le duché de sa mère, c'était la
Bretagne. Or, qu'on se figure ce qui serait arrivé, si le prince qui
devait s'appeler Charles-Quint eût épousé l'héritière de ce beau
duché! Héritier de tous les états de la maison d'Autriche par son
père, de toutes les Espagnes par sa mère, ayant une porte toujours ouverte sur la France par la Bretagne, Charles-Quint eût réa-
lisé la monarchie universelle.

Dans ces circonstances extrêmes, la plupart des villes et commu-
nautés écrivirent au roi pour lui demander une assemblée générale. Elle fut réunie, et son premier acte fut de décerner à Louis
XII, par la bouche de Thomas Bricot, son organe, le nom si bien
mérité de *père du peuple* ; puis elle demanda l'annulation du traité
qui promettait la main de Mme Claude et la Bretagne à Charles de
Luxembourg. Louis XII rassembla un de ces grands conseils con-
sultatifs qu'on rencontre sous les trois races , et après avoir
écouté son avis, qui fut que l'engagement étant contraire aux lois
fondamentales de la monarchie, était complètement nul, il fit an-
noncer aux états-généraux sa détermination d'obtempérer aux

vœux de son royaume. L'assemblée, par une acclamation unanime, promit, au nom de la France, qu'elle verserait la dernière
goutte de son sang pour soutenir la guerre qui pourrait en résulter.

Le duel qu'on avait prévu éclata. Charles-Quint, qui étreignait
la France dans le vaste réseau de ses possessions, avait mis la victoire de son côté à Pavie, et François Ier, prisonnier à Madrid, avait
signé un traité qui démembrait la monarchie française. Outre une
rançon énorme en argent, il devait abandonner en toute propriété
à l'empereur le duché de Bourgogne, le comté de Charolais, la
vicomté d'Aussone et la prévôté de saint Laurent, et, en outre, lui
céder l'hommage des comtés d'Artois et de Flandre, et ses prétentions sur les états de Naples, Milan, Gênes, Ast, Tournay, Lille et
Hesdin. C'était sacrifier à la fois le présent et l'avenir de la France,
introduire l'ennemi chez elle, et renoncer à avoir jamais, sur les
frontières, des portes fermées. Quel recours trouvera t-on contre
ce désastreux traité ? Le recours de toutes les situations difficiles,
les états généraux.

Les états généraux réunis à Cognac, en 1526, que le *Temps*
confond par erreur avec l'assemblée des notables de 1527, approu-
va complètement le langage des députés de Bourgogne qui re-
montrèrent que « le roi n'avait pas le droit de les aliéner sans
» leur aveu, puisque le serment qui unit les sujets au souverain
» lie également les souverains aux sujets, et ne peut être détruit
» que par un consentement réciproque; qu'au reste ce lieu n'unis-
» sait pas seulement les Bourguignons aux rois, mais à tous les
» autres membres de la monarchie, qui avaient droit de s'opposer
» à un engagement contraire aux lois et destructif de toute liber-
» té. Ce serment, ajoutèrent les Bourguignons, est nul, puisqu'il
» est contraire à un premier serment que vous prêtâtes à la na-
» tion en recevant l'onction sacrée ; puisqu'il est contraire aux li-
» bertés de votre peuple et aux lois fondamentales de la monar-
» chie. » Ce furent ces paroles approuvées et adoptées par les états·
» généraux qui décidèrent la rupture du traité de Madrid.

En présence de cette suite de faits si éclatans et si décisifs, il
nous suffit, pour toute réfutation, de citer les assertions du *Temps:*
que *la représentation, avant 89, n'était ni sérieuse, ni utile, que
la constitution française n'a jamais rien protégé, que les droits du
peuple étaient tout-à-fait méconnus, que les actes des états-généraux n'avaient aucune force légale, que la France était moins a-
vancée que tous les autres états, que l'histoire des états-généraux
ne se compose que de deux faits, l'oppression toujours victorieuse
et la résistance toujours vaincue, que les états-généraux furent
humiliés et avilis de règne en règne.*

Que l'on compare ces assertions au tableau historique que nous venons de tracer, et qu'on nous dise si, même en passant sous silence ces Champs-de-Mars et ces Champs-de-Mai où se résolvaient toutes les grandes questions nationales, et en ne partant que de la troisième forme des assemblées nationales, les états-généraux , on peut affirmer que *la constitution ne protégea rien ? qu'elle n'était ni sérieuse, ni utile, la représentation* qui, sous Philippe-le-Bel , déclarait la séparation du pouvoir temporel et du pouvoir spirituel, et posait en axiôme que l'impôt ne pouvait être établi que par les états-généraux ; qui, pendant la captivité du roi Jean et la démence de Charles VI, refusait des subsides indûment réclamés ; qui, sous le roi Jean, déchirait le traité de Londres, et déclarait au roi qu'il eût à rester prisonnier plutôt que de démembrer la France à la convenance de l'Angleterre ; qui, en 1467 , tranchait entre le roi Louis XI et son frère une question d'apanage et aidait par un arrêt salutaire à la reconstitution de la France ; qui, en 1488 , décidait une question de régence, et déclarait en outre que le jugement de cette haute question appartenait aux états-généraux ; qui, sous Louis XII, sauvait encore une fois la France d'un démembrement du côté de l'Espagne, et conservait la Bretagne au royaume ; qui, sous François 1er , intervenait de nouveau , annulait un troisième traité fatal à la monarchie , et déclarait le sol national inaliénable.

Est-il possible de dire *que les actes des états-généraux n'avaient aucune force légale et que leur résistance fut toujours vaincue,* quand on les voit régler des questions de principes politiques, d'apanages, de régence, d'impôt, de droit des gens, de diplomatie, de guerre et de paix ?

Est-il permis d'affirmer que la France *était moins avancée que tous les autres états, et que tous les droits du peuple étaient méconnus* quand, sous le règne de Louis XII, la France était allée si loin dans les voies de la monarchie représentative, que M. Rœderer, qui n'était guère suspect de partialité en faveur de l'ancienne monarchie, écrivait en 1825 ce qui suit :

« Il est authentiquement prouvé , 1° Qu'à la fin du quinzième
» siècle, et au commencement du seizième, les grands seuls (et
» par les grands il faut entendre les seigneurs de vastes domaines
» et les possesseurs à titre de fiefs des grands offices de la cou-
» ronne), les grands seuls, disons-nous, et non les nobles, formè-
» rent dans la constitution une classe distincte ; que les nobles
» sans seigneurie furent confondus avec le tiers-état ; et que dans
» les états-généraux , les grands reconnus et nommés par le roi
» formèrent une chambre distincte, comme aujourd'hui la cham-

» bre des pairs ; 2° qu'alors les députés des trois ordres, nobles et
» non nobles, furent élus confusément et sans proportiondéter-
» minéc entre les membres de chaque ordre, dans des assemblées
» communes; 3° que tous les députés, de quelque ordre qu'ils fus-
» sent, furent députés mandataires non d'un intérêt particulier
» d'ordre ou de corps, mais des intérêts communs ; 4° que les
» délibérations devaient être communes entre tous les députés des
» assemblées nationales ; 5° que les voix devaient être comptées
» par têtes et non par ordre, et sans distinction d'ordre ; 6° que
» les impôts, pour être légitimement levés, avaient besoin d'être
» consentis par ceux qui les paient ; 7° que la nécessité du con-
» sentement résultait du droit de propriété inhérent à tout Fran-
» çais ; 8° que l'assemblée des députés avait droit de prendre con-
» naissance des besoins de l'état pour y mesurer les contribu-
» tions. »

Peut-on dire enfin que *les états-généraux furent avilis et humiliés de règne en règne*, quand on a vu dans quel style leur parlaient
Philippe-le-Bel, Jean, Charles V, Louis XI, Charles VIII, Louis
XII, François Ier, et lorsqu'on a présentes à la mémoire la fière ha-
rangue du seigneur de Laroche, celle de Masselin, des députés de
Bourgogne, et lorsqu'on a lu la réponse des états-généraux dans toutes les grandes délibérations où l'on tranchait des questions d'apanages, de territoire, de régence, de droit public et de droit des
gens?

Voilà la question posée dans toute sa simplicité, et le bon sens le
plus vulgaire suffit pour la résoudre. Nous ne nions pas les abus
qui ont existé, il y en a partout où il y a des hommes. Nous sa-
vons que les principes contitutifs de la France rencontrèrent bien
des obstacles, que l'élément féodal gêna et retarda leur essor ; mais
nous ajoutons qu'ils ne cesseront de marcher de victoire en victoire. On voit clairement, après le remarquable résumé de M.
Rœderer, qu'une seule condition manquait à l'institution représentative, sous le règne de Louis XII, pour qu'elle ent atteint
la perfection : le retour périodique des états-généraux. Or, il était
indiqué que cette condition serait bientôt réalisée. La périodicité
avait déjà été demandée, et notamment dans les états de 1484 ;
en votant les subsides, l'assemblée avait déclaré *qu'elle ne les vo-
tait que pour deux ans.*

Ainsi le *Temps* a contre lui la vérité des faits et la raison de
l'histoire, quand il prétend qu'il fallait vaincre *la vieille monarchie*, c'est à dire la monarchie nationale, pour établir l'institution
représentative. Cette institution s'harmonisait parfaitement avec la
monarchie nationale, puisque la liberté politique allait arriver à

sa dernière et plus parfaite expression, quand le protestantisme parut.

Travail des idées pendant la suspension des ?états-généraux causée par le protestantisme.

Le protestantisme suspendit, pour la seconde fois, la constitution de la France, parce qu'il vivifia tous les élémens de désordre, créa dans la sphère des idées, des principes de révolte qui neutralisèrent les principes conservateurs de la société française, s'allia avec l'intérêt féodal et renouvela ainsi une lutte qui semblait finie, divisa le principe religieux et le principe monarchique, compromit le principe territorial en habituant les deux partis à en appeler à l'intervention étrangère et en exposant la France à un démembrement, blessa au cœur le principe municipal en changeant les élections des municipes et des assemblées provinciales en champs de bataille, où il y avait des vaincus et des vainqueurs, des opprimés et des oppresseurs, ce qui motiva l'intervention du pouvoir ministériel qui confisqua la liberté, sous prétexte de rétablir l'ordre.

Au milieu de ce chaos, les assemblées nationales ne purent réfléter que le désordre et la division qui étaient partout. Le protestantisme était à sa manière une féodalité, féodalité intellectuelle qui divisait les intelligences, comme la première féodalité avait divisé les terres; qui rendait chacun seigneur en ses principes, comme chacun était seigneur en sa baronnie. L'unité nationale était encore une fois détruite, le principe de la liberté politique d'abord vicié devait disparaître pour un temps. Cependant, même au milieu de ces orages, il produisit les grandes ordonnances de Blois, d'Orléans et de Paris, chefs-d'œuvre de législation, qui résultèrent des remontrances contenues dans les cahiers des baillages.

Il est remarquable que ce fut à cette époque, où le principe de l'institution représentative était si profondément entamé, vicié, que se produisirent ces prétentions despotiques et féodales, ces actes arbitraires qui choquent avec juste raison le *Temps*. Toutes les institutions étaient faussées; la monarchie tendait au despotisme, la municipalité à la république, la noblesse à la féodalité; le parlement, comme le fait remarquer avec justesse le *Temps*, usurpait la place des états généraux.

On sortit alors du régime des principes ; on entra dans celui de l'arbitraire. On gouverna au nom de la nécessité. Le péril où se trouva l'intérêt territorial, c'est à dire l'existence de la liberté extérieure de la France, domina tout et produisit successivement

Richelieu et Louis XIV, deux réactions victorieuses contre toutes les causes qui détruisaient la France, deux dictatures plutôt que deux règnes, entre lesquelles il y eut un repos de désordre, un entre-acte d'anarchie.

Il n'est donc pas exact de dire que la prétendue représentation des états généraux s'évanouit devant la royauté dès que celle-ci ne daigna plus prêter l'oreille à de timides doléances, car la suspension des états-généraux fut, comme on vient de le voir, le résultat d'une situation terrible produite par le protestantisme. Le régent et Louis XV maintinrent le régime d'arbitraire où l'on était entré, et s'en tirèrent par des expédiens. Au moment où Louis XVI parut, les expédiens étaient usés, il fallut en revenir à la liberté politique et aux états généraux.

Quand le *Temps* nous parle des outrages que les Chaville et les Chaulnes firent subir aux états provinciaux, il cite des faits que nous reconnaissons, mais qui n'entament en aucune façon nôs principes. Nous ne voulons pas plus que lui l'*ancien régime*, création transitoire produite par une réaction violente contre les désordres de tous genres qui résultaient de l'intrusion du protestantisme dans les destinées des sociétés européennes ; nous demandons la monarchie nationale avec les développemens qu'elle était prête à prendre au quinzième siècle, développemens réalisés, comme on l'entend bien, en tenant compte des progrès des institutions et de l'état de la propriété qui, au lieu d'avoir plusieurs natures, en raison de ses diverses origines, est aujourd'hui ramenée à l'unité, puisqu'il n'y a plus ni propriété seigneuriale, ni propriété ecclésiastique ou bénéfice, mais une seule et même propriété.

De même, quand le *Temps* dit que le peuple demanda des garanties au parlement « parce qu'il vaut mieux avoir une mauvaise » garantie que de ne pas en avoir du tout, » il dit une chose très-vraie. Mais quand demanda-t-il cette garantie au parlement? Dans l'interrègne de la constitution française. Ainsi cette remarque n'atteint en aucune façon nos idées, non plus que la constitution de la France, qui est antérieure, supérieure, et complètement opposée au régime du monopole parlementaire. Il n'y aurait qu'une seule façon de nous convaincre d'erreur, ce serait de prouver que le principe de la liberté politique et des assemblées nationales était anéanti et oublié. Mais loin de là, quand il n'est plus visible dans les faits, il apparaît dans les intelligences, et il est tellement imprescriptible que nous pouvons, pour ainsi parler, tracer l'itinéraire moral de ce principe jusqu'à la convocation des états-généraux de 89.

Les usurpations mêmes du parlement attestaient l'existence du principe de la liberté politique, car c'était en se substituant aux états-généraux qu'ils intervenaient dans les affaires publiques, et ils contribuaient à les rappeler en les remplaçant. Mais ce qui est surtout remarquable, c'est que la nécessité et la légitimité des états-généraux apparaissaient à l'intelligence du duc de Bourgogne, héritier du trône, au moment où Louis XIV était dans la toute-puissance de sa dictature. Le duc de Bourgogne, éclairé par Fenélon, voulait, comme le prouve un plan de restauration sociale trouvé dans les papiers de ce prélat, le rétablissement des états-généraux tels qu'ils existaient sous Louis XII, mais en faisant profiter l'institution représentative des progrès qu'avaient naturellement faits les idées dans un laps de temps aussi long. D'après ce plan, les états-généraux devaient s'assembler périodiquement, dans un lieu fixé à l'avance, à moins que le roi n'en indiquât un autre, et continuer leurs délibérations aussi long-temps qu'ils le jugeraient nécessaire ; ils devaient corriger les actes des états-provinciaux qui donneraient lieu à des plaintes fondées ; délibérer sur toutes les matières de finances, de justice, de police, de guerre, d'alliance, d'agriculture et de commerce, faire une révision générale des comptes, des dépenses ordinaires, et voter les fonds à lever pour les dépenses extraordinaires ; ils devaient abolir tous priviléges et tous abus.

L'élection devait être libre, et aucun député ne pouvait recevoir du roi aucun avancement que trois ans après la députation fixée. Ainsi l'héritier de la couronne comprenait, comme le dit M. de Lourdoueix, « que lorsqu'on rétablit une institution suspen- » due, il faut la prendre, non au point auquel elle était restée, » mais au point où la raison publique l'a portée. » Vérité de tous les temps, comprise aujourd'hui comme elle l'était alors, par ceux qui portent les principes constitutifs de la société française.

Mais ce ne fut pas seulement dans les projets du duc de Bourgogne, de Fénélon et des hommes de vertu et d'intelligence qui entouraient le jeune prince, que l'on retrouve la trace du principe de la liberté politique garantie par des assemblées nationales, l'un des cinq principes constitutifs de la société française. Quand Louis XIV, vaincu par la coalition européenne, signe la paix d'Utrecht, ce principe imprescriptible lui apparaît dans une communication diplomatique de l'Europe qui, se rappelant malgré une longue interruption la constitution française, demanda que la parole donnée par le duc de Berry et le duc d'Orléans de renoncer à la couronne d'Espagne, fût sanctionnée par les états-généraux. Peu s'en fallut que cette exigence à laquelle Louis XIV refusa de se soumettre, ne rompît les négociations.

Une fois encore, le principe des états-généraux apparaît à Louis

XIV. C'est au moment où près de mourir et laissant la couronne à un enfant de cinq ans, il éprouvait une répugnance invincible à donner la régence au duc d'Orléans. Un Mémoire, conservé aux affaires étrangères et que M. Lemontey semble attribuer à M. de Torcy, présentait la convocation desétats-généraux comme le seul moyen d'écarter de la régence un prince devenu suspect à la nation.

Pendant la régence, le principe des états-généraux reparaît encore. St-Simon en conseille la convocation au régent;les princes légitimes la réclament.«Trente-neuf gentilshommes des plus quali-
» fiés du royaume, lit-on dans l'introduction au *Moniteur*, et au
» nombre desquels on comptait MM. de Chatillon, de Vieux-Pont,
» de Bauffremont, de Polignac, de Rieux, Mathieu de Larochefou-
» cauld, de Clermont, demandèrent la réunion des états-généraux
» pour juger la question pendante entre le régent et le duc du
» Maine. » Voici un passage de cette protestation : « Plaise au roi
» de ne rien prononcer sur la succession à la couronne, avant que
» les états du royaume, juridiquement assemblés, n'aient délibéré
» de l'intérêt que la nation peut avoir aux dispositions de l'édit du
» feu roi, concernant la succession à la couronne. Protestons de
» nullité contre tous les jugemens qui pourront être rendus sans
» l'assemblée des états-généraux. »

Lorsque Philippe V veut prévenir la quadruple alliance qui se signe contre lui par les soins de l'abbé Dubois, à quelle autorité songe-t-il à recourir? Il écrit au jeune roi Louis XV une lettre où l'on remarque le passage suivant : « Je n'entre pas dans les con-
» séquences funestes de cette alliance ; je me renferme à prier
» instamment Votre Majesté de convoquer incessamment les états-
» généraux de son royaume pour délibérer une affaire de si grande
» conséquence. S'il y a eu jamais occasion d'écouter la voix de
» la nation française, c'est aujourd'hui. Il est indispensable d'ap-
» prendre d'elle-même ce qu'elle pense, de savoir si elle veut en
» effet me déclarer la guerre. » (1) Une conspiration ayant été for-
mée pour renverser le régent, Philippe V disait encore dans une de ses proclamations que : « les états généraux pouvaient seuls
» remédier aux maux du royaume dans le présent et en prévenir
» le retour dans l'avenir. »

Quelque temps plus tard, l'image des états généraux vint se présenter à l'arbitraire du régent, comme elle s'était présentée à la

---

(1) Cette lettre, entièrement écrite de la main de Philippe V, dit M. Vatout dans la *Conspiration de Cellamare*, se trouve aux archives des affaires étrangères.

dictature de Louis XIV vieillissant. Voici comment l'introduction
au *Moniteur* rapporte ce fait remarquable : « Quand le régent vit
» la plaie des finances après le système de Law, il témoigna se rap-
» peler que la France avait montré quelques désirs d'obtenir ses
» anciennes assemblées nationales, que la vieille cour du feu roi
» avait négociées pendant l'affaire d'Espagne. Il fut tenté de livrer
» la plaie de l'état à l'état lui-même. L'abbé Dubois surprît à
» cette époque le régent lisant un mémoire sur les états généraux.
» Il lui enleva ce mémoire des mains, en lui promettant de lui en
» remettre un autre mieux raisonné sur le même sujet, et, quel-
» ques jours après, il lui remit un document rédigé ainsi qu'il
» suit :
« Ce n'est pas sans raison, y lisait-on, que les rois de France
» sont parvenus à éviter les assemblées connues sous le nom d'é-
» tats-généraux. Un roi n'est rien sans sujets, et quoiqu'un monar-
» que en soit chef, l'idée qu'il tient d'eux tout ce qu'il est et tout
» ce qu'il possède, l'appareil des députés du peuple, la permission
» de parler devant le roi et de lui présenter des doléances, ont je
» ne sais quoi de triste qu'un grand roi doit toujours éloigner de
» sa présence. Que V. A. R. réfléchisse un moment sur ce qui se
» passe en France, quand le roi établit une loi ou crée des impôts :
» la loi déjà discutée dans son conseil, émane de la plénitude
» de son autorité ; il l'envoie à ses parlements pour la faire con-
» naître aux peuples. Quelle force pourrait alors s'opposer à la vo-
» lonté des monarques ? Ils ne peuvent faire que des remontran-
» ces. Si, toutes les remontrances finies, il ne plaît pas au roi de
» modifier ou de retirer la loi, ils doivent l'enregistrer. Si le par-
» lement la refuse encore, le roi lui envoie des ordres ultérieurs ;
» alors paraissent d'autres remontrances qui sentent la faction.
» Les parlemens ne manquent pas de faire entendre qu'ils re-
» présentent les peuples, qu'ils sont les gardiens des lois, etc. A
» quoi l'autorité répond par un ordre d'enregistrer, ajoutant que
» les officiers du parlement ne sont que les officiers du roi et non
» les représentans de la France. Petit à petit le feu s'allume au
» parlement, les factions s'y forment et l'agitent; alors il est d'u-
» sage de tenir un lit de justice. Si le parlement se soumet, on est
» obéi, et c'est tout ce que peut vouloir le plus grand roi du mon-
» de; s'il résiste encore, on exile les plus mutins ou le parlement
» en corps à Pontoise : alors on suscite contre lui la noblesse et le
» clergé, ses ennemis naturels; on fait chanter des chansons; on
» fait courir des poésies légères et fugitives; on prend par famine
» les jeunes conseillers, qui dominent dans le corps : le besoin
» qu'ils ont de vivre dans la capitale, l'habitude des plaisirs, l'u-

» sage de leurs maîtresses, leur commandent impérieusement de
» revenir dans leurs foyers; on enregistre donc, on obéit et on re-
» vient. Voilà toute la mécanique de ces circonstances ; il serait
» bien dangereux de les changer.

» A présent V. A. R. connaît-elle des moyens plus efficaces pour
» s'opposer aux entreprises d'une assemblée vraiment nationale qui
» résisterait à ses volontés? Le monarque pourrait-il dire à la na-
» tion comme au parlement : « *Vous n'êtes pas la nation!* » Pour-
» rait-il dire aux représentans de ses sujets : « *Vous ne les repré-*
» *sentez pas !* » Un roi de France pourrait-il exiler la nation pour
» se faire obéir, comme il exile ses parlemens? Pourrait-il faire la
» guerre à la France en cas de refus de nouveaux impôts? Le roi
» est assuré de ses troupes contre le parlement; le serait-il contre
» la France assemblée? »

Nous ne connaissons pas de plus bel éloge de la constitution
française que cette satyre. Rien ne prouve mieux la différence
immense qui existe entre ce que le *Temps* appelle l'ancien régime
et l'abbé Dubois *la mécanique des circonstances*, et la véritable
monarchie nationale que nous défendons. Aucune démonstration
ne saurait mieux établir la réalité, l'excellence, l'efficacité de
la constitution française que le contraste établi par l'abbé Dubois
entre le régime de la monarchie représentative et la *mécanique* de
l'arbitraire royal et parlementaire.

On le voit par tous les faits que nous avons cités, lorsque la
situation critique et presque désespérée où le protestantisme jeta
la France, en viciant tous les principes fondamentaux de sa
constitution, eut d'abord faussé la représentation nationale en en
corrompant les éléments, puis à partir de l'assemblée de 1614, eut
suspendu la monarchie représentative, en la remplaçant par l'arbitraire royal et parlementaire qu'on appelle l'ancien régime, le
principe de la liberté politique garanti par les assemblées nationales, ne cessa d'apparaître dans la région des intelligences, comme
le moyen fondamental et constitutif de dénouer toutes les difficul-
tés et de trancher les grandes questions. Fénélon et le duc de
Bourgogne le reconnurent et l'adoptèrent; Louis XIV le retrouva
dans les conférences d'Utrecht et dans l'affaire de son testament; le
duc d'Orléans au moment ou commença sa régence et après le
naufrage du système de Law; les princes légitimes et quarante
gentilshommes l'invoquèrent quand il s'agit de la loi de succession;
Philippe V le réclama au moment de la signature du traité de la
quadruple alliance, Dubois le reconnut en le combattant avec les
terreurs du monopole et de l'arbitraire.

Ainsi, au moment où la situation exceptionnelle et critique

créée par le protestantisme suspendit la constitution française, et à partir de 1614, où nous ne pouvons plus en montrer la perpétuité dans les faits, nous en montrons la perpétuité dans les esprits. Nous faisons voir successivement la solution des grandes questions de régence, de succession au trône, de finances, de droit des gens, de politique par l'Europe, attribuée par des esprits éminens et par l'opinion publique, aux états-généraux, qui, ainsi que nous l'avons montré, en connaissaient sous la monarchie nationale; de sorte que l'aucien régime lui-même n'interrompt pas la perpétuité, que nous nous sommes engagés à établir.

Comment est-il possible de concilier, avec le système de nos adversaires, ce mouvement continuel des esprits vers les états-généraux? Si les assemblées nationales ne furent qu'un incident dans notre histoire, comment peut-il se faire qu'après leur disparution on ne cessa jamais d'en invoquer le souvenir comme l'espoir de la société française? S'ils n'eurent rien d'efficace ni de puissant, pourquoi Fénélon et le duc de Bourgogne y virent-ils le grand moyen d'une restauration nationale? Pourquoi toutes les puissances de l'Europe, dans les conférences du traité d'Utrecht, réclamèrent-elles leur intervention comme pouvant seule donner une garantie solide? S'ils n'eurent pas une influence décisive dans les questions de régence et de succession au trône, d'où vient que l'on conseilla à Louis XIV de faire approuver son choix par une assemblée nationale, et que les princes légitimes, Philippe V, les quarante gentilshommes dont nous avons parlé, en appelèrent aux états-généraux? Si leur action fut nulle dans les grandes transactions nationales, comment se fit-il qu'à la nouvelle de la signature du traité de la quadruple alliance, le roi d'Espagne écrivit à son neveu pour l'engager à consulter la nation française? S'ils n'eurent pas une autorité souveraine en finances, comment expliquer le mouvement qui porta le régent à appeler les états-généraux à délibérer sur la situation financière de la France après la catastrophe de Law?

Nous ne craignons pas de le dire, la réalité et l'efficacité de la constitution française apparaissent d'une manière encore plus éclatante dans cette aspiration continuelle de tous les esprits vers les états-généraux, après leur suspension, que dans les détails pourtant si décisifs que nous avons donnés sur l'action des états-généraux avant l'avénement du protestantisme. Prétendre que les esprits les plus éminens, que l'opinion publique, se seraient tournés, pendant un laps de 175 ans vers une institution sans puissance, sans réalité, sans action véritable, qui n'aurait rien protégé, rien préservé, rien garanti, qui n'aurait eu que la valeur d'un accident, c'est raisonner contre la raison, c'est accuser la mémoire de tout un peuple d'oubli, c'est mettre la société française sous une prévention de démence et de stupidité, c'est insulter mortellement la France.

Car il est impossible de le nier, quand on arrive au résultat, c'était dans les états-généraux que la France avait mis tout son espoir. Le règne de Louis XV est employé à détruire la mécanique des circonstances, dont Dubois avait parlé. L'arbitraire royal porte des coups mortels à l'arbitraire parlementaire, qui, tout en le gênant, le servait parcequ'il le masquait. Alors le parlement lui-même proclame l'éternel axiôme de la monarchie française, et son premier président déclare formellement dans le lit de justice qui suit l'assemblée des notables : « Que le principe constitution-» nel de la monarchie française est que les impositions seront » consenties par ceux qui doivent les supporter. »

C'est ici que l'on va voir l'existence des principes fondamentaux de la constitution de la société française se révéler dans tout l'éclat de leur évidence. Les baillages se réunissent pour nommer des électeurs et rédigent des cahiers qui contiennent leurs instructions. Que trouve-t-on dans ces cahiers ? On y trouve réclamés par l'unanimité de plusieurs millions d'électeurs, d'accord sans s'être concertés, tous les principes qui, l'histoire nous l'a prouvé, sont fondamentaux et primordiaux en France, le gouvernement monarchique, l'inviolabilité du roi, l'hérédité de la couronne de mâle en mâle par ordre de primogéniture, le pouvoir exécutif dans les mains du roi, le consentement des contribuables nécessaire à l'impôt, le consentement des états-généraux nécessaire à la législation, l'inviolabilité de la propriété publique, l'inviolabilité de la propriété particulière, la liberté individuelle, et, comme garantie de tous ces droits, la périodicité des états-généraux.

Pour qu'on ne puisse point contester ces assertions, voici une partie du rapport dans lequel M. de Clermont résuma, dans la séance du 25 juillet 89, les cahiers des baillages :

« 1° Le gouvernement monarchique, l'inviolabilité de la person-» ne sacrée du roi, et l'hérédité de la couronne de mâle en mâle, » sont également reconnus et consacrés par le plus grand nombre » de cahiers, et ne sont mis en question par aucun.

» 2° Le roi est également reconnu comme dépositaire de toute » la plénitude du pouvoir exécutif.

» 3° La responsabilité de tous les agens de l'autorité est deman-» dée généralement.

» 4° Quant au pouvoir législatif, la pluralité des cahiers le re-» connaît comme résidant dans la représentation nationale, sous

» la clause de la sanction royale, et il paraît que cette maxime an-
» cienne des capitulaires , *lex fit consensu populi et constitutione*
» *regis*, est presque généralement consacrée par vos commettans.
» Quant à la durée, le plus grand nombre ont demandé la
» périodicité des états généraux, et ils ont voulu que le retour
» périodique ne dépendît ni des intérêts ni de la volonté des dé-
» positaires de l'autorité.
» La nécessité du consentement national à l'impôt est établie
» par tous les cahiers.
» Quant aux corps administratifs ou états provinciaux, tous les
» cahiers vous demandent leur établissement.
» L'inviolabilité de la personne des députés est reconnue par le
» plus grand nombre des baillages ; elle n'est contestée par aucun.
» Enfin, les droits des citoyens, la liberté, la propriété sont ré-
» clamés par toute la nation française. Elle réclame pour chacun
» de ses membres l'inviolabilité des propriétés particulières, comme
» elle réclame pour elle-même l'inviolabilité de la propriété pu-
» blique. Elle réclame dans toute son étendue la liberté] indivi-
» duelle, la liberté de la presse ; elle s'élève avec indignation con-
» tre les lettres de cachet. »
Certes lorsque plusieurs millions d'électeurs réclament ces droits
et ces garanties, comme faisant partie de la constitution de la
France, on est fondé à dire qu'il n'y a pas de constitution à créer,
mais une constitution à restaurer. Certes, lorsque l'ancienne monarchie produit des cahiers où la liberté du pouvoir et la liberté de
la nation sont également consacrées comme étant constitutives dans
la société française, où le vote de l'impôt par les contribuables, le
concours des assemblées nationales à la législation, l'inviolabilité
de la propriété publique et privée, la sainteté de la liberté individuelle, la responsabilité des agens du pouvoir sont proclamés
comme des articles fondamentaux de la monarchie, c'est un étran-
ge abus de mots que de prétendre comme nos adversaires que,
*pour établir des institutions libérales, il fallait vaincre la monar-
chie*. Les cahiers des états-généraux donnent un démenti complet,
absolu, à cette assertion déjà réduite à néant par les preuves que
nous a fournies l'histoire pour la combattre.

CONCLUSION.

Nous voici arrivés au terme de cette discussion, à laquelle nous n'avons pu nous empêcher de donner quelque étendue. Des affirmations dénuées de preuves tiennent peu de place. Une démonstration, escortée de toutes les preuves qu'elle comporte, va moins vite et par un chemin moins court, mais elle arrive au but.

Nous croyons avoir établi, d'une manière solide, que la France est au plus haut point intéressée à ce que nos affirmations sur l'antiquité et l'excellence de sa constitution soient conformes à la vérité historique, car s'il était vrai, comme nos adversaires l'assurent, que toute son histoire soit un tissu formé des excès du despotisme et des hontes de la servitude, toutes les chances de l'avenir seraient en faveur de la tyrannie et contre la liberté.

Du reste, pour éviter toute équivoque, nous résumerons toutes nos idées en citant un petit nombre de lignes empruntées à la déclaration que publiait la *Gazette de France*, le 28 mars 1832 :

« Nous proclamons, disait-elle, le vote libre de l'impôt et des lois
» par les représentants de la nation, convoqués en assemblées des
» communes et des provinces. Nous appelons aux assemblées des
» communes *tous les Français ou naturalisés Français âgés de*
» *vingt-cinq ans, domiciliés et compris au rôle des impositions di-*
» *rectes*, conformément à la déclaration du 24 janvier 1789.

» Nous reconnaissons également comme bases principales du
» droit public en France, reconnues par les délibérations des as-
» semblées et la déclaration royale du 23 mai 1789, la liberté in-
» dividuelle, l'inviolabilité de la propriété, la liberté de la presse,
» la liberté religieuse et de conscience, la franchise du domicile,
» l'égalité devant la loi et dans la répartition des charges, l'admis-
» sibilité de tous aux fonctions publiques, l'indépendance des tri-
» bunaux, l'institution du jury.

» Ces droits devront être soumis aux règles déterminées par la
» loi pour qu'ils ne puissent nuire à la société, et nul Français ne
» pouvant trouver de limites à sa liberté, que dans la volonté gé-
» nérale exprimée par la nation, les états-généraux détermineront
» dans quelles bornes et à quelles conditions ces droits seront
» exercés.

» Nous regardons comme acquises à la France l'indépendance
» des communes et des provinces, en ce qui concerne les intérêts
» locaux ; l'élection de leurs magistrats par les citoyens contri-
» buables et domiciliés ; la libre délibération des conseils libre-

» ment élus, sur tout ce qui se rapporte à l'administration de
» leurs affaires particulières. »

» Nous regardons comme nécessaire au repos et à la prospérité
» de la France, comme dérivant des principes que nous avons éta-
» blis les points ci-après :

» 1° La périodicité des assemblées;

» 2° Le vote public et patent, le seul conforme au caractère de
» la nation et à l'honneur français ;

» 3° L'abolition du serment en matière d'élections communales,
» provinciales et générales ; les mandataires ne devant s'engager
» qu'avec ceux dont ils tiennent leurs pouvoir ;

» 4° L'association des citoyens entre eux, dans les villes, en
» corporations libres d'après l'état actuel de la société et selon les
» intérêts communs, auxquelles il sera assuré, non des priviléges,
» mais une représentation.

» 5° L'aministration gratuite.

» 6° La restitution aux communes de leurs biens non vendus
» et établissements, et la libre disposition de leurs capitaux et
» revenus.

» 7° La liberté de l'enseignement dérivant des droits du père
» de famille et de la commune.

» 8° L'établissement d'un conseil-dé'tat inamovible.

» 9° La création d'une chambre composée des grands dignitai-
» res de la couronne, des maréchaux de France, des présidents
» des cours judiciaires, et des grandes notabilités et capacités de
» la France.

» 10° La répartition de l'impôt par les assemblées provin-
» ciales. »

La cause est maintenant entendue. On sait qui veut le droit
commun, qui veut le monopole, qui veut la liberté et qui veut l'arbitraire, qui veut la gloire et la prospérité de la France, qui veut
son humiliation et sa ruine, et si les ennemis des institutions libérales se trouvent parmi les écrivains de la *Gazette* ou parmi les écrivains du *Temps*, parmi les défenseurs de la monarchie française,
ou parmi les partisans de la révolution.

Un seul point nous reste à établir, après les preuves historiques
que nous avons données de l'existence et de la perpétuité des principes fondamentaux de la société française. C'est que, de nos jours,
comme à toutes les époques de notre histoire, la conviction profonde que ces principes sont la base véritable de la puissance, de
la prospérité et de la liberté de ce pays, n'existe pas seulement dans
un petit nombre d'intelligences isolées, mais que dès que ces principes sont proposés à la raison publique, de toutes parts des voix

s'élèvent pour saluer en eux la constitution de la France.

En donnant la preuve de ce fait, nous couronnerons l'œuvre que nous avons entreprise, et nous préviendrons la dernière objection qui pourrait s'élever contre les idées que nous portons. Comme il est difficile en effet de rompre la chaîne historique de présomptions morales, de faits et de témoignages qui établissent le caractère de perpétuité des principes fondamentaux de la constitution française jusqu'à Louis XVI, on pourrait se borner à prétendre que cette constitution s'est abîmée sans retour dans les cinquante années de révolution qui nous séparent maintenant du grand mouvement de 89, que le souvenir en est perdu, la trace effacée, et que le système développé dans la déclaration du 29 mars 1832, n'est plus que l'honnête utopie de deux ou trois rêveurs. Nous allons prouver au contraire que le résultat de cette déclaration du 29 mars 1832, est d'avoir montré d'une manière plus éclatante que jamais, tout ce qu'il y a de perpétuel et d'imprescriptible dans les principes constitutifs de la monarchie française.

Quarante-deux ans se sont écoulés depuis l'abolition de la constitution française par l'arbitraire d'une assemblée : huit constitutions de main d'homme : la constitution de 1791, la constitution républicaine de 1793, la constitution directoriale de 1795, la constitution consulaire de 1799, la constitution impériale de 1804, la constitution d'octroi royal de 1814, la constitution d'octroi impérial de 1815 avec son acte additionnel, enfin la constitution d'octroi parlementaire de 1830 se sont succédé en se renversant. Le drame de la république, l'épopée de l'empire, la comédie de quinze ans de la restauration, ont occupé tour à tour le grand théâtre de l'histoire (1).

Après un laps de temps si considérable, devenu plus long encore en raison de la multitude, de la variété et du prodigieux intérêt des événemens qui l'ont rempli; après tant d'épreuves, tant de constitutions diverses essayées, tant de principes contraires invoqués, tant d'élévations et de chutes, tant de créations et tant de ruines, deux écrivains déclarent que, réunis à des royalistes qui se trouvent à Paris, ils sont demeurés convaincus qu'il n'y avait de salut pour la société française que dans un retour à sa cons.

---

(1) Remarquons en passant que toutes ces Constitutions ont reconnu le principe du droit de tous les contribuables à nommer les votans de l'impôt. C'est seulement en 1817 que ce principe a été violé par la loi du 5 février, comme l'a si bien établi M. de Villèle dans son dernier manifeste.

titution naturelle, et exposent, d'après l'histoire, les principes fondamentaux de cette constitution (1).

Certes , l'épreuve est grave , et ce qui va suivre est digne d'attirer l'attention de tous les esprits sérieux. Ces écrivains n'ont aucun moyen d'imposer leur opinion. Ils ne sauraient avoir d'autre action que celle que peut donner la vérité , d'autre mission que celle que l'assentiment public voudra leur reconnaître. Ils n'ont pas dans leurs mains cette force matérielle dont disposaient les pouvoirs constituans qui ont obligé, depuis un demi-siècle, la société française de subir la loi qu'ils ont faite. Ils ne sont point des chefs de parti, des dictateurs, des tribuns dont le fanatisme populaire adopte les décisions comme autant d'oracles. Ce sont de simples particuliers dont toute parole est sujette à contestation , dont l'opinion peut être récusée. Si donc les principes qu'ils déclarent ne sont qu'une utopie éclose dans leur esprit, ou si ces principes, réellement puisés dans notre histoire , ont cessé d'avoir une existence effective dans les mœurs et les besoins de la société française et ne subsistent plus qu'à l'état de souvenir , la déclaration de 1832 n'aura ni retentissement, ni écho, elle frappera dans le vide.

Eh bien ! c'est le contraire qui arrive. Malgré le temps si long qui s'est écoulé depuis que la révolution a proclamé l'abolition des principes fondamentaux de la société française, malgré cette immensité et cette diversité d'événemens qui ont rempli l'intervalle, malgré les perspectives changeantes d'une histoire si féconde en péripéties, dès que ces principes constitutifs sont présentés aux regards de la France, de tous côtés des voix s'élèvent pour les reconnaître et les saluer.

Qui peut produire un tel mouvement sur les esprits ? Certes ce ne sont point les hommes qui ont pris l'initiative de la déclaration. Ces hommes, nous l'avons dit, ne sont que de simples particuliers, qui n'ont d'action que celle que peut leur donner l'assentiment public. Est-ce la force ? elle n'est point dans leur main. La séduction ? les moyens de séduction leur manquent, ils n'ont que des persécutions à partager avec ceux qui s'unissent à eux. Une dictature intellectuelle ? dans ce pays d'intelligence si vive et si admirable, personne ne subit les idées d'autrui. Il faut donc bien que ce soit la force, la puissance de ces principes constitutifs dont l'autorité imprescriptible se retrouve au fonds de toutes les consciences, comme une évidence nationale qu'il suffit de provoquer pour qu'à l'instant même elle se manifeste.

---

(1) MM. de Genoude et de Lourdoueix.

Nous sommes ici naturellement amenés à analyser d'une manière rapide quelques-unes des nombreuses adhésions données à la déclaration de 1832, afin de montrer qu'elle n'a point ce caractère d'individualité qui pourrait servir à contester son autorité. On va voir que les idées et les convictions exprimées dans la *Gazette de France* ne lui appartenaient pas en propre, mais qu'elles avaient été puisées dans ce fonds commun d'idées nationales où s'alimentent tous les esprits.Des hommes essentiellement différents par leurs positions, leur âge, la tendance de leurs études, les occupations de leurs vies, magistrats, administrateurs, députés, pairs de France, militaires, avocats, écrivains, négociants, nobles et non nobles, habitant toutes les parties de la France, vont tous déclarer quils portent les principes de la constitution française, et se trouver d'accord sans s'être entendus sur l'excellence, l'antiquité et l'efficacité de ces principes. Un simple article de journal aura suffi pour amener une manifestation qui , si elle n'eût été interrompue par des persécutions judiciaires et administratives, rappellerait la merveilleuse uniformité et l'admirable concordance des cahiers des baillages, lors de la réunion des états-généreux de 89.

Nommons les nombreux adhérens qui motivèrent leur adhésion à la déclaration du 29 mars 1832. Ces noms méritent d'être conservés, car c'est à eux qu'appartient l'initiative de l'événement qui sauvera cette société. Ce furent MM. le vicomte d'Ambray, pair de France démissionnaire, le marquis de Brézé, pair de France, le duc de Bellune, maréchal de France, le vicomte de Bonald, pair de France, le vicomte de Larochefoucauld, le vicomte d'Arlincourt, Battur, Cyprien Desmarais, Bayard de laVingtrie, le comte Jacques de Puységur, le comte de la Ferté Senectère, de Saint-Vincent, Augier de Crémiers, ancien sous-préfet, Charles de Crémiers, F. de Fontaine, J. de Curel, ancien capitaine d'état-major, baron de Chaulieu, ancien préfet du Finistère et de la Loire, Benoist, Blondel d'Aubers, ancien maître des requêtes et préfet du Gers, de la Haye, Devaulx, Guay, Dupuy, de la Porte, M. Leroux du Chatelet, député de 1815 ; d'Armont, capitaine adjudant major, démissionnaire; de Clermont, ex-capitaine de dragons; de Clinchamps, ex-garde du corps du roi; Legrand, le baron de Wolbock, Hournon, chevalier Bard de la Côte d'Or, le duc de Doudeauville, le comte de Nugent, le comte de Cursay, le marquis de Montesquiou,Saint-Valery, baron Locard, vicomte de Guéroult, baron de Croze, préfet démissionnaire; de la Maine, ancien maire; le marquis de Perignon ; le vicomte de Puységur , auditeur au conseil d'état, démissionnaire; de Lignac; Frapet, ancien magisrat; le comte de Jouffroy Gonssans ; Ange de Saint-Priest,

Bourbon Leblanc, de Malartic ancien conseiller d'état, Rouxel de l'Escouet enseigne de vaisseau démissionnaire, d'Avoust, Berryer, député, le comte de Lahitte, d'Auberjon ancien préfet, le chevalier de Lépinois ancien sous-préfet, comte Lepelletier d'Aulnay, le baron de Batz Trenquelléon, Fouquet juge au tribunal de première instance, marquis de Lentilhac, officier d'état-major démissionnaire, Meslin, conseiller à la cour royale de Paris, démissionnaire, comte Curial, officier d'ordonnance à l'expédition d'Afrique, Colas de la Noue, ex-président de chambre à la cour royale d'Orléans, de Pirey père, ancien conseiller au parlement; de Pirey fils, ancien officier de cavalerie; comte de Montalembert-d'Essé, Compans. de Ferratz, chef d'escadron en retraite, le comte de Saisy, Lahirigoyen, baron de Maricourt, Tommy de La Haye, de Saint-Laurens, le comte d'Hautefort, comte de Grivel, ancien général des gardes nationales du Jura, le marquis de Royer, de Lambert, de Salles, le vicomte de Morandais, ancien officier de la garde, Juge de Lavilledieu, De Privezac, ancien élève de l'école Polytechnique, ancien magistrat, de Fourvière, baron Berthier de Viviers, Deveaux, Veillet, Prost. de Saint-Périer, ancien capitaine de cavalerie, le chevalier de Forceville, ancien garde du corps du roi, de Sainte-Marie, ancien député, baron de Scorbiac, le vicomte de Suleau, ancien conseiller-d'état, Fleury, Lahirigoyen, négociant, Minvielle, Crucy-Duvau, procureur du roi démissionnaire.

Quelles raisons ces hommes appartenant à toutes les professions et à toutes les positions sociales, si différens par l'âge, la diversité des études, des occupations, habitant dans des localités diverses, donnent-ils de leur adhésion aux principes posés? Ils en donnent deux. C'est, disent-ils unanimement, que ces principes sont fondamentaux en France ; c'est qu'ils peuvent seuls assurer le bonheur et la gloire de ce pays. Nous ne saurions, comme on le pense bien, reproduire toutes ces lettres, mais après en avoir indiqué la donnée commune, nous emprunterons à quelques unes d'entre elles des passages qui se trouvent résumer la généralité des adhésions et en exprimer la substance, nous réglant ainsi sur ce que fit M. de Clermont-Tonnerre pour le dépouillement des cahiers des états-généraux.

On lit dans l'adhésion de M. de Bonald, cet esprit si philosophique et si contemplateur :

« Nous pensons que les deux lois les plus importantes de toute
» civilisation politique sont la succession légitime au trône de mâle
» en mâle par ordre de primogéniture, et l'octroi libre de l'impôt
» par la nation propriétaire. Ces deux lois sont en effet les plus
» fondamentales de l'état social, puisqu'elles assurent les deux so-

» ciétés dont l'état se compose : la société publique ou l'état contre
» l'usurpation, et la société domestique ou la famille contre la ty-
» rannie. La première de ces lois avait été constamment observée
» en France depuis dix siècles; la nécessité de la seconde n'avait ja-
» mais été révoquée en doute, mais par le malheur des temps et
» la faute des hommes elle avait reçu plus d'une fois de gra-
» ves atteintes. »

M. Berryer, cet esprit si pénétrant, servi par une élo-
quence qui n'est elle-même que l'expression vivante de son admirable organisation intellectuelle, ajoute ce qui suit : « Oui, j'ai
» toujours pensé qu'un peuple qui n'est pas rassemblé d'hier, qui
» a traversé quatorze siècles, en développant avec un immense
» succès ses lois, son administration, ses arts, ses sciences, son in-
» dustrie, en faisant sentir aux autres peuples la puissance de ses
» armes et la domination de son intelligence, n'en est pas réduit
» à chercher sa constitution et à se créer des maximes de gouver-
» nement et de liberté, qu'il possède dans les monuments de son
» histoire et de sa législation tout ce qui lui est nécessaire pour as-
» surer sa dignité au milieu des nations européennes et chez lui-
» même sa force et sa liberté. C'est dans cette longue vie d'un peu-
» ple que se consacrent les principes immuables de sa constitu-
» tion. C'est ainsi que la France a établi ses lois fondamentales,
» contre lesquelles toutes les entreprises des factions sont vaines,
» parce qu'il ne saurait rien se faire contre elles qui ne soit nul de
» soi. Telle est la loi qui règle en France l'ordre de succession au
» trône, le droit royal qui est le premier des droits du peuple ,
» parce qu'il est la garantie de tous les autres. Telle est la maxime
» qu'aucun impôt ne peut être établi sans le consentement au
» moins médiat de ceux qui doivent le payer. Ainsi encore la li-
» berté des communes, la liberté de l'enseignement, l'indépen-
» dance de la religion et la liberté du culte sont des lois fonda-
» mentales de la constitution française. »

Un pair de France, dont le nom déjà si recommandable vient
d'être consacré par la gloire de cette protestation toute française
dont l'effet a été si grand , M. le marquis de Brézé , indique ensuite avec un sens profond l'origine des maux qui nous assié-
gent depuis près d'un demi-siècle : « Depuis quarante ans, dit-il,
» la France a été gouvernée par une multitude de régimes diffé-
» rens. Toutes les formes de pouvoir, toutes les formules de cons-
» titution ont été essayées. On en a fait en quelque sorte sur elle
» l'expérimentation, comme on essaie divers remèdes infructueux
» sur un malade dont on ignore la constitution. »

Aussitôt vient M. de Suleau, l'un des meilleurs administrateurs

de la restauration, qui indique le seul reméde qui puisse être fruc-
tueusement employé pour guérir cette maladie sociale dont il pré-
dit les nouvelles et dangereuses phases.

«Sans avoir besoin, dit-il, de creuser profondément cette terre de
» France où la liberté, antique et indigéne comme le chêne de
» nos forêts, se montre partout à la surface, vous avez retrouvé
» dans les cahiers des états-généraux de 89 et dans l'immortelle
» déclaration du roi martyr les grands traits de cette constitution
» nationale qui peut opposer des siècles de durée à des années
» d'interruption, dont le sommeil n'était pas la mort, et qui se fai-
» sait sentir encore dans l'administration et surtout dans les mœurs
» du pays, alors même qu'elle avait cessé d'en régler le gouverne-
» ment. Posées comme elles le sont par la révolution, toutes les
» questions demeurent insolubles, et, si l'on n'y avisait, la France
» finirait par étouffer dans un cercle d'airain fermé d'impossibilités
» toutes également insolubles. Sous le rapport financier seule-
» ment, impossibilité de maintenir un système qui, condamné à
» coûter beaucoup parce qu'il manque de confiance, et à produire
» peu parce qu'il en inspire encore moins , ne peut se prolonger
» sans appeler sur nos têtes les déficits et la banqueroute ; impos-
» sibilité de faire vivre ce système par la terreur, parce qu'elle
» produirait la résistance armée ; impossibilité de le faire vivre par
» des lois d'exception, parce qu'elles feraient surgir dans le pays
» des milliers d'Hampden qui braveraient le pouvoir en se retran-
» chant dans le refus de l'impôt. »

Une de nos plus belles illustrations guerrières , M. le duc de
Bellune, arrivait avec la rectitude de son intelligence militaire à
la même conclusion, et il déclarait « qu'il ne voyait d'ordre, de
» liberté, de prospérité, de grandeur pour la patrie que dans les
» deux principes constitutifs de ce pays, le droit héréditaire et le
» vote par communes de tous les Français contribuables.»

C'était aussi l'avis du duc de Fitz-James, dont la tribune parlementaire porte encore le deuil ; il autorisait à déclarer « qu'il
» contribuerait de tous ses efforts à faire prévaloir les libertés
» communales, provinciales, et enfin ces assemblées générales
» qu'il avait le premier invoquées à la tribune sous le nom à la
» fois monarchique et populaire d'états-généraux. »

Le vicomte Dambray pense de même : « L'appel au parti natio-
» nal, dit-il, s'accorde avec l'idée qui m'occupe depuis long-tems,
» du besoin pour les royalistes d'une situation franche qui les
» présente à la nation forts de leur union patente et de leur fidé-
» lité invariable aux principes fondamentaux de l'ancienne mo-
» narchie. »

Le comte de Puységur ajoute : « Le système du vote universel est
» le système français. L'hérédité de la pairie et le monopole é-
» lectoral sont des importations anglaises qui nous ont perdus. »

Le baron de Chaulieu, ancien préfet, s'écrie : « La république,
» avec son cortége de terreur et de banqueroute, ne pouvait et
» ne pourra jamais prendre racine dans la noble terre de France.
» L'empire, malgré ses lauriers, le génie de son fondateur et une
» alliance avec le sang des Césars, l'empire, uniquement fondé
» sur la victoire, s'écroula aussitôt que la victoire l'eut abandon-
» né. La restauration elle-même, qui fit jouir la France d'une
» prospérité et d'une liberté inconnues, a succombé par le vice or-
» ganique de sa constitution qu'elle avait cru octroyer. Le pou-
» voir qui lui a succédé se débat péniblement contre les consé-
» quences de son principe. Il est entraîné par le torrent. Je ne vois
» de moyen de salut que dans le retour de la France à son ancien-
» ne constitution. »

M. Fouquet, juge au tribunal de première instance, pense de
même : « Qu'a voulu la France, dit-il ? qu'elle pensée a consta-
» ment surnagé au milieu des tempêtes qui l'ont si souvent assié-
» gée ? L'alliance du pouvoir et de la liberté. Or, ce problême que
» quarante années d'essais infructueux et de calamités de tous
» genres sembleraient rendre insoluble, ne l'est point ; sa solu-
» tion se trouve écrite dans ces cahiers où la nation librement
» unie a fait connaître sa volonté. »

Nous pourrions multiplier ces extraits à l'infini. On y retrouve-
rait partout la même pensée, sur l'antiquité et l'excellence de la
constitution française et sur la nécessité de faire un retour vers ces
principes pour leur demander le salut de la France. On sait que le
pouvoir, effrayé du nombre toujours croissant de ces adhésions,
y mit un terme en déférant aux tribunaux les considérations qui
précédaient la déclaration qui en était l'objet. Mais les adhésions
que nous avons citées suffisent pour démontrer ce qu'il y avait de
général, d'unanime et de fort dans le mouvement produit par l'appel aux principes constitutifs de la société française. Ajoutez à
cela qu'il faut tenir compte en outre de plusieurs adhésions col-
lectives qui précédèrent le procès et vinrent fortifier les adhésions
particulières, telles que celles de Montauban, d'Issengeaux, de
Nantes, Angers, Ancenis.

Enfin si le temps manqua pour recueillir les innombrables si-
gnatures que promettait un tel commencement, on vit apparaître
d'une manière encore plus frappante la généralité de ce mouvement par la manière dont les journaux, en possession d'exprimer
les sentimens des provinces, accueillirent cette manifestation de

principes. *La Gazette d'Auvergne, la Gazette de Franche-Comté, la rédaction de la Boussole, la Gazette du Languedoc, les Mélanges occitaniques, la Gazette d'Anjou, la Gazette de Metz, la Gazette du Limousin, le Journal du Bourbonnais, la Gazette de Rouergue, le Mémorial agenais, la Gazette du Maine, l'Orléanais, la Gazette de l'Ouest, la Gazette du Périgord, la Gazette de Berri,* déclarèrent, comme les hommes éminens dont nous avons cité les témoignages qu'un retour aux principes constitutifs de la société française leur paraissait désirable, nécessaire, et tous définirent la nature de ces principes d'une manière identique.

Citons, pour achever le dépouillement de ces adhésions, quelques passages qui contiennent la subsance de tout ce qu'elles renferment.

La *Gazette du Languedoc* s'exprime ainsi :

« La monarchie héréditaire, par ordre de primogéniture, l'ir-
» responsabilité et l'inviolabilité du monarque, tel est à nos yeux
» le premier principe du gouvernement français. Le second, c'est
» l'intervention du pays dans les affaires publiques par les délé-
» gués revêtus de ses pouvoirs. Nous reconnaissons que le droit
» de propriété est le fondement de toute société, qu'il résulte de
» ce droit que personne, sans son consentement, ne peut-être
» privé de ce qui lui appartient, et que, par conséquent, aucun
» impôt ne peut être établi sans le consentement des mandataires
» de la nation.

» Ainsi les intérêts généraux de la nation, comme les intérêts
» des communes et des provinces, et ceux des circonscriptions in-
» termédiaires qu'on pourrait établir, doivent être débattus et réglés
» dans des assemblées qui tirent leur origine d'une élection libre
» où tous les intéressés, c'est à dire tous les contribuables, soient
» appelés. »

La *Gazette d'Auvergne* ajoute ce qui suit : « La *Gazette de*
» *France* n'a rien innové, ni rien créé. Elle n'a fait que ressusci-
» ter cette ancienne et admirable constitution française, œuvre
» des siècles et éprouvée par eux, et qui peut si bien s'approprier
» et se plier à tous les progrès du temps. »

La *Gazette de Metz* formule ainsi son adhésion : « Les états gé-
» néraux, tels que nous les comprenons à notre époque, car nous
» ne voulons pas ressaisir un passé qui ne nous appartient plus, ni
» remonter à un ordre de choses dont le retour est impossible; les
» états généraux nommés par le concours libre, mais sagement
» gradué de tous les Français payant l'impôt direct, peuvent en-
» core sauver la France, la tirer sans secousses, sans guerre civile,

» sans guerre étrangère, de la situation violente et contre nature
» où l'ont placée les déviations révolutionnaires que depuis long-
» temps le triomphe des partis lui a fait subir. »

La *Gazette du Périgord* n'est pas moins explicite : « Convaincus
» par le plus sévère examen que cette déclaration conserve à la
» royauté héréditaire la puissance et la majesté sans lesquelles l'ac-
» tion gouvernementale devient illusoire ; qu'en dégageant la sou-
» veraineté des détails de l'administration, les auteurs de la déclara-
» point entendu rompre l'équilibre qui doit toujours exister dans·-
» tion n'ont les rapports qui règlent entre elles les attributions du
» monarque et des sujets ; qu'en demandant les états-généraux, la
» décentralisation et les libertés provinciales et communales qui en
» découlent, la *Gazette de France* ne fait que rappeler et réclamer
» des droits anciens dont l'exercice sagement réglé fut une source d
» bonheur et de gloire pour les enfants de la France, nous ne ba-
» lançons plus à donner notre adhésion à la déclaration du 28
» mars. »

Notre tâche est maintenant complètement terminée. Le seul point qui restât à établir, à savoir que les principes constitutifs de la société française en 1832 comme en 89, n'ont pu être invoqués sans être à l'instant salués et reconnus comme éminemment nationaux, comme utiles, comme nécessaires ; ce point est actuellement établi. On a pu voir que, toutes proportions gardées, et en tenant compte de la distance infinie qui sépare l'appel de simples particuliers sans autorité publique, sans autre mission que celle qu'ils tiennent de leur dévouement à leur pays , d'un appel comme celui d'un grand corps de l'état tel que le parlement, ou du premier de tous les pouvoirs, tel que le chef de l'état, on a pu voir, disons-nous, que l'appel d'un journal en faveur des principes de la monarchie française a produit dans les intelligences un résultat qui a quelque chose d'analogue à celui qui en 89 se produisit dans les faits.

De tous les points de l'horizon, des hommes éminens par leur génie, par leur expérience, par leur position , ont répondu, ont adhéré. Si, dans d'autres temps, nous avons pu citer, parmi les témoignages rendus aux principes constitutifs de cette société, des noms imposans et de grandes renommées, nous pouvons, quatorze cents ans écoulés depuis le règne souvent interrompu, mais toujours renaissant des principes constitutifs de la société française, citer parmi ceux qui viennent leur rendre témoignage, les premiers parmi nos écrivains et nos orateurs, les plus illustres parmi nos guerriers, les plus habiles parmi nos administrateurs, les plus purs parmi nos magistrats.

Ils sont donc immortels ces principes de la constitution française qui subsistent au milieu de toutes les vicissitudes, survivent à toutes les morts, triomphent du temps et du changement, comme l'âme même que la dissolution du corps ne saurait atteindre ; qui, semblables à de grands et puissants ouvriers, ont élevé de Clovis à Charlemagne, de Charlemagne à Hugues Capet, de Hugues Capet à Charles X, le conquérant d'Alger, le magnifique édifice de la monarchie française ; qui portent en eux la gloire, la liberté, la prospérité, l'indépendance de cette nation ; qui, souvent altérés et suspendus par les passions des classes et des individus, mais jamais anéantis, se relèvent toujours pour réparer les malheurs produits par leur absence ; qui, salués à travers les siècles par toutes les grandes voix, invoqués par le pays dans toutes ses épreuves, reparaissent aujourd'hui encore dans leur vivace antiquité, comme le seul espoir de cette société courbée sous le poids d'une révolution, et réunissant ainsi la consécration du passé à la puissance de l'avenir, brillent de toute la majesté que leur donnent les tombeaux de nos pères dont ils protégèrent les efforts, et de tout l'éclat qu'ils promettent de répandre sur les berceaux de nos enfants.

LA GAZETTE DE FRANCE A LA GAZETTE D'ÉTAT DE PRUSSE, A LA PRESSE, AU JOURNAL DES DÉBATS, AU JOURNAL DE FRANCFORT, A L'UNIVERS, A LA PHALANGE, AU MESSAGER, ETC.

Depuis quelque temps, la ligne de la *Gazette de France* est attaquée à Paris et à l'étranger de manière à dénaturer les intentions de ses écrivains et du parti politique dont ce journal est l'organe. Ce n'est sans doute pas la première fois que nous avons à redresser des erreurs, à repousser des calomnies. Mais les journaux étrangers ouverts à l'influence de la diplomatie de France s'accordent avec les feuilles dynastiques et ministérielles pour jeter l'épithète de révolutionnaires sur les royalistes fidèles. Il est clair qu'il y a là tout un plan arrêté en conseil, et qu'on fait un dernier effort pour diviser les royalistes et pour renouveler contre eux la tentative des Munagori et des Maroto, qui a perdu la cause monarchique en Espagne. Quoique cette tentative ait déjà échoué en France devant la noble constance de nos amis et le bon sens de notre nation, nous ne devons pas nous lasser d'exposer et de développer nos principes ; si on cherche à égarer l'opinion sur notre compte, nous ne pouvons négliger aucune occasion de la désabuser.

Après les journées de juillet, les royalistes se sont trouvés devant une révolution triomphante qui avait proclamé les principes d'insurrection et de souveraineté du peuple, donnés comme bases à la constitution nouvelle. Ces principes qu'ils ne pouvaient accepter ont été et sont encore le but de leur opposition , car en eux est la source de tous les désordres.

La liberté de discussion dans la presse et à la tribune nous était laissée. C'est dans cette position que nous nous sommes retranchés , en déclarant que nous repoussions tout appel à la guerre civile et à la guerre étrangère.

Combattre les principes de juillet avec l'arme de la logique était pour nous un droit, rétablir ceux que nous regardons comme seuls applicables à notre pays, devenait pour nous un devoir. Nous disions que la révolte n'est jamais permise, que la souveraineté du peuple est l'anarchie, que le gouvernement parlementaire mène à la république, que la toute-puissance d'une majorité électorale est un danger permanent de révolutions ; nous avons dû conformer notre conduite et nos actes à ces doctrines.

M. Guizot a dit que le fait extra-légal de juillet était une épée suspendue sur toutes les têtes; il fallait donc détourner cette épée et faire disparaître des institutions le principe d'instabilité qui menace toutes les existences.

Une opposition d'honnêtes gens ne se borne pas à fronder continuellement de mauvais principes, à critiquer l'origine du pouvoir: en politique, toute critique qui n'édifie pas est blâmable ; toute condamnation d'un système en vigueur qui n'amène pas l'opinion à concevoir et à vouloir un meilleur système, réalisable sans désordre, est indigne d'un parti qui tire sa force de l'estime et de l'assentiment des gens de bien.

Après la révolution de 1830 les vices de la constitution de 1814 apparurent d'autant plus aux esprits justes et aux caractères droits, que ces vices venaient d'être complètement confirmés par leurs fatales conséquences.

L'existence précaire du clergé, le vote annuel des services publics, l'établissement temporaire de la liste civile, l'existence d'une chambre haute héréditaire comme la royauté, inamovible, inviolable et irresponsable comme elle, étaient, entre autres articles aussi défectueux, des obstacles permanens à la marche du gouvernement. Il n'était pas possible de soutenir cette œuvre informe et vicieuse qui avait entraîné la ruine de la monarchie légitime.

Il fallait donc se placer sur un terrain plus solide. C'eût été erreur et folie que de revenir aux combinaisons condamnées par l'expérience , usées et rejetées tour à tour. La constitution de 91, la république de 93, la combinaison directoriale avec ses deux conseils, le consulat avec ses trois corps délibérans, l'empire avec son despotisme et ses chambres muettes et serviles, la restauration avec sa charte informe, œuvre irréfléchie et sans maturité, rien de tout cela n'avait eu de durée et ne pouvait revivre comme expression de la nationalité française.

Les royalistes ne pouvaient donc opposer la charte de 1814 à la charte de 1830. Leur pensée a dû se reporter à la monarchie et au vote de tous qui, avec le catholicisme , ont été les bases de notre état social pendant 1400 ans. Nous nous sommes dit que , puisque la France avait rejeté tous les systèmes pris en dehors de ses élémens constitutifs , la vérité politique devait se trouver dans les principes qui ont présidé à sa naissance et à son développement à travers les siècles.

Ces principes étaient formellement écrits dans les cahiers de 89 qui sont la dernière expression des vœux de la nation depuis deux siècles.

C'est un fait consacré par l'assentiment de toutes les consciences que ces principes auraient sauvé la France et qu'ils nous auraient donné un demi-siècle de prospérité et de grandeur, si les députés chargés expressément de les réaliser n'avaient violé leurs mandats en se déclarant souverains et constituans quand ils étaient délégués et constitués, et en cherchant dans l'insurrection la force qu'ils auraient trouvée dans la constitution même.

Quelles sont les conséquences d'une violation de mandat? Evidemment la nullité de tout ce qui en dérive.

Pour retrouver la vraie constitution du pays, sans confusion d'idées, sans contestation possible, il est nécessaire de partir des derniers actes légaux , fondés en droit et en raison , qui n'aient pas été une déviation des principes constitutifs. Les seuls actes qu aient eu ce caractère depuis 1789 , ce sont les cahiers des six millions de Français et les abdications de Rambouillet. C'est à ces deux élémens qu'il faut revenir quand on sort de la sphère des passions et de l'esprit de parti.

La monarchie et le droit commun, inhérents à notre nationalité française, à notre passé ; les actes émanés de la royauté et de la nation agissant dans leurs prérogatives respectives, voilà les moyens qui se sont révélés à nous pour une restauration sociale, sans désordres, sans troubles, sans guerre civile, sans guerre étrangère. Nous le demandons à tous les jurisconsultes, à tous les hommes d'état de l'Europe : où sont les titres d'une nation ? Se trouvent-ils dans l'action normale et régulière de ses principes, ou dans la déviation de ces mêmes principes ? Dans la situation où est notre pays, à qui est-il donné, des hommes ou des partis, de faire prévaloir sa pensée, d'imposer un système incontesté, de soumettre les passions individuelles à une idée sans précédent, conçue *à priori* ? Nous n'avons pas cette prétention, car nous ne demandons que ce qui s'est développé naturellement sur ce sol, que ce qui ne porte atteinte aux droits de personne et les résume tous !

Voilà pourtant ce qu'on appelle une politique révolutionnaire, en ajoutant qu'au moyen de ce système nous donnons la main à un parti anarchique.

Quoi! l'on est révolutionnaire quand on réclame tout ce que les révolutionnaires ont détruit ! Le gouvernement monarchique, le concours des contribuables à l'établissement de l'impôt, l'élection à plusieurs degrés, dont le premier dans la commune ; n'est-ce donc pas là ce que les révolutionnaires de 93 ont aboli, ce que les révolutionnaires de 1830 n'ont pas voulu accepter ? N'est-ce pas là ce que nous voulons rétablir ?

Les anciennes cortès portugaises et espagnoles que les révolutionnaires de la Péninsule ont remplacées par un monopole, étaient-elles de l'anarchie et ne constituaient-elles pas, avec la monarchie, un des droits de ces deux peuples? La Suède, avec ses assemblées des quatre ordres, le Danemarc et le Hanovre avec leurs états, la Hollande et la Belgique avec leurs chambres, la Hongrie, la Norwège, la Saxe, un certain nombre de principautés malleandes, la Grèce, la Moldavie, la Valachie et la Servie, n'ont-elles pas des institutions traditionnelles analogues aux anciennes cortès de Portugal et d'Espagne et aux anciens états-généraux et provinciaux de France ?

Certes, nous ne pensons pas que l'on veuille regarder comme l'état normal et régulier de notre pays l'établissement monarchique fondé par Richelieu et continué par ses successeurs. Ce système a pu être nécessité au temps du grand ministre par les entreprises du protestantisme contre la couronne; mais l'effet devait cesser avec la cause, et c'est parce qu'il y a eu pendant un siècle et demi suspension d'une partie essentielle de la constitution nationale, que les erreurs les plus funestes ont eu le temps de germer dans les esprits, et qu'il y a eu une si violente réaction contre les abus de ce régime, contraire à la nature de notre pays.

Ce n'est point par des déclamations que se résout une grave difficulté, mais par la logique des faits et le raisonnement. Le concours de la nation en ce qui touche ses plus grands intérêts est-il ou non de droit public en France? Quatorze cents ans répondent par l'affirmative. Le consentement de l'impôt est-il dans ce pays le privilége de la propriété? Les quatorze siècles nous disent encore : Oui !

Nous ne poussons pas, comme on le prétend, à l'excès du mal. Le mal existe malheureusement, et il sera bientôt à son comble. Dans une situation pleine d'anxiétés, qui porte en elle le germe des plus terribles agitations, nous n'avons pas voulu laisser arriver une crise inévitable en abandonnant à l'avenir et au hasard les moyens de salut. Dans le vague et la confusion des idées, dans l'absence de tout plan, il n'y a d'issue possible que par les insurrections, les émotions populaires, les violences, la guerre civile et peut-être la guerre étrangère. Nous ne serions pas surpris que des hommes d'état rêvassent à l'égard de la France un autre partage de la Pologne. Nous avons voulu prévenir les déchirements intérieurs et les dangers du dehors en préparant un terrain commun sur lequel tous les intérêts, tous les partis pussent se rendre , se concilier et trouver la satisfaction de leurs droits légitimes.

Notre plan est un tout complet, parfaitement logique, et qui offre le seul moyen de rentrer sans trouble et sans désordre dans le droit commun que les révolutionnaires ont également sacrifiés.

Voilà donc notre but. Est-il possible de le blâmer sans manquer à la justice et à la vérité? Nous en appelons à tous les hommes de conscience.

Quant aux moyens , ils ne sont pas moins irréprochables que le but, puisqu'ils consistent uniquement à produire une chambre qui représente véritablement la France.

Nous condamnons toute violence, nous ne voulons rien qui ne soit légal, ostensible, qui ne puisse être discuté publiquement dans la presse et à la tribune ; nous voulons améliorer, réformer les institutions par elles-mêmes.

La seule résistance que nous recommandions, c'est la résistance passive , dans le cas seulement où les pouvoirs législatifs refuseraient de faire leur devoir.

Les royalistes peuvent dire que seuls, depuis un demi-siècle, en attaquant un système vicieux , ils ont montré ce qu'on devait mettre à la place et le moyen d'arriver à ce changement, sans secousse, sans révolution et sans désordre.

Quand nous parlons de l'ancienne constitution de la France, on nous reproche de vouloir réaliser de nouveau telle ou telle époque de notre histoire.

Nous ne voulons ni les dons gratuits de la monarchie de Clovis, ni les capitulaires de Charlemagne, ni les assemblées féodales de

Hugues Capet, ni les états-généraux de Philippe-le-Bel, ni le pouvoir absolu de Richelieu et de Louis XIV, ni les parlemens de la Fronde, de la régence et de Louis XV, ni les trois ordres de Louis XVI, ni l'assemblée unique de la constituante, ni la chambre muette de Bonaparte, ni la charte octroyée de 1814 avec sa pairie héréditaire et son cens de 300 fr., ni le monopole de 1830 ; mais nous voulons ce qui, dans tous ces régimes, a été l'essence de la constitution de la France, et qui, pour nous, est dans ces deux termes : *Lex fit constitutione regis et consensu populi.*

Nous soutenous que toujours, sous quelque forme que le gouvernement ait existé, il y a eu un de ces principes constitutifs en vigueur, souvent les deux, quoique mis en rapport d'une manière imparfaite; mais ce qu'il faut, c'est que tous les deux soient réalisés. Le principe du *constitutione regis* seul a produit le pouvoir absolu de Richelieu et de Louis XIV et le préambule de la charte; le principe du *consensu populi* a produit les troubles de la captivité de Jean II, les seize, les frondeurs et les conventionnels.

L'accord des deux principes a produit nos soixante assemblées générales et tous les beaux développemens de l'ordre, de la grandeur, de la liberté, de la prospérité publique dans la société française.

C'est cet accord qui a fait la gloire de nos grands rois, de nos grands magistrats, qui a fondé le droit public et toutes ces traditions de raison et de vérité sur lesquelles on s'appuiera toujours quand on voudra réellement le bien du pays.

Il est donc nécessaire qu'il y ait en France un parti pour le *constitutione regis* et un autre pour le *consensu populi.* Quand ces partis sont divisés, il y a trouble dans l'état ; quand ils sont réunis, l'ordre est sur le point de renaître.

Les chartes de 1814 et de 1830 peuvent être considérées comme des confirmations des deux principes fondamentaux et d'une partie de leurs conséquences. C'est la *constitution du roi* dans la première, c'est le *consentement du peuple* invoqué dans la seconde ; et si ces chartes sont défectueuses, c'est par les points où elles s'écartent de ces deux principes ; c'est que la première avait été octroyée sans le concours de la nation, sans le *consensu populi,* c'est que la seconde a été une violation du *constitutione regis,* en même temps qu'une fiction du *consensu populi.* Sous Louis XVI, au contraire, nous trouvons ces deux principes solennellement reconnus. Le *constitutione regis* a fait la convocation des 6 millions de Français, les cahiers ont proclamé les deux principes fondamentaux, et la déclaration du 23 juin 89, qui était la sanction des cahiers, a été présentée à l'assemblée nationale. Tout le mal est donc venu de Mirabeau et des idées anglaises et américaines, qui ont fait rejeter à la fois le *consensu populi* et le *constitutione regis.*

Il est évident que c'est là qu'il aurait fallu chercher le point de départ en 1814 et en 1830. On aurait évité les séparations des partis, et l'on aurait eu pour soi la logique, la tradition et l'intérêt de tous, au lieu de se trouver rejeté dans l'arbitraire, dans le monopole et dans l'impuissance.

Il n'y a pas de tâche plus grande et plus noble pour des citoyens que de retrouver une base logique pour le pouvoir. C'est ainsi seulement que l'on peut fonder l'obéissance dans les intelligences et dans les cœurs, au lieu de contenir les sentimens nationaux par l'intimidation et la force brutale. Cette tâche, nous sommes heureux de la remplir avec le concours de tous les gens de bien. Nous sommes sûrs que de pareilles idées, répandues dans un pays où tant de générosité se trouve unie à tant de sagacité, ne sont pas semées en terre ingrate, et que les volontés seconderont de toutes parts ce mouvement que les événemens concourent visiblement à réaliser.

———————

La Constitution française défendue contre le Journal des Débats.

S'il y a au monde une absurdité palpable, visible, évidente, elle est dans cette proposition : Un peuple qui a fait l'envie de toutes les autres nations, ce peuple-là a passé ce longs laps de temps sans avoir une constitution, et une constitution excellente ; car il s'est distingué en tous genres sur tous les autres peuples.

C'est à établir cette absurdité que s'épuisent, depuis près de cinquante ans, les révolutionnaires de toutes les nuances, pour arriver à donner au peuple français une constitution à leur manière, et qui est si évidemment contraire à sa nature, qu'aucune de celles qu'ils lui ont données, n'a pu s'implanter dans ce sol où l'ancienne constitution avait de si profondes racines.

Depuis les sommités révolutionnaires jusqu'aux plus humbles publicistes de cette funeste école, c'est comme un parti pris de nier la clarté du jour, d'entasser les sophismes, de tronquer les faits, pour arriver à établir qu'avant 89 la France était sans constitution, et que tout dépendu bon plaisir des rois.

Le journal le *Temps* avait cherché à établir cette absurdité contre la *Gazette de France*, qui soutient le contraire avec tous les hommes éclairés de toutes les époques de la monarchie française.

Elle vient de prouver avec évidence, dans un supplément qui y est tout entier consacré, la thèse opposée aux assertions du *Temps*, et aux dires de tous les révolutionnaires, avec une méthode, une clarté, une logique qui doivent démontrer la vérité à tout homme qui la cherche, sans avoir d'avance pris le parti de ne pas l'admettre si elle blesse ses idées particulières. Voici la méthode qu'a suivie la *Gazette de France* dans ce remarquable écrit qui, selon nous, est un monument élevé à la gloire de la France et de ses antiques constitutions.

D'abord la *Gazette* montre que la méthode des adversaires de la constitution française pèche par sa base, en ce qu'elle conclut de l'exception aux généralités, tandis qu'ici ce serait le contraire qu'il faudrait faire ; car on sent que, dans une chose de cette nature, dans un laps de temps si long, et avec les passions humaines, le cours régulier des choses a dû souvent être interrompu, et que, de ce qu'il l'a été en effet dans l'espèce, d'abord par la féodalité, ensuite par la réaction contre le protestantisme, ce n'est pas une raison pour en infirmer la vérité, surtout lorsque les institutions, sommeillant, pour ainsi dire , de fait, étaient toujours vivantes dans les esprits , et reparaissaient avec plus de vigueur à certaines époques.

Après avoir ruiné l'argumentation de ses adversaires, la *Gazette de France* montre combien il est à désirer que son système soit bon et salutaire pour la France ; elle prouve qu'il l'est en effet, puisqu'il rattache la chaîne des temps, et permet à la France de trouver en elle , de trouver dans la vénérable antiquité de ses principes les moyens de réparer les maux du présent et de progresser dans l'avenir. Voilà pour les présomptions morales.

Enfin, l'habile écrivain de la *Gazette* établit la vérité des doctrines qu'elle défend avec talent et courage par les témoignages des faits.

Rien de plus imposant que les témoignages des hommes cités par la *Gazette* en faveur de la constitution française, et parmi eux il en est que les hommes de révolution eux-mêmes revendiquent comme leur appartenant sous certains rapports. Il y en a des positions sociales les plus diverses, et même des étrangers ; de ce nombre nous citerons Machiavel :

« Le gouvernement de France, dit-il, est *le plus* tempéré par les lois. Le royaume de France est heureux et tranquille, parce que le roi est *soumis à une infinité de lois* qui font la sûreté des peuples. »

Parmi les nationaux, nous choisissons à dessein Target qui dit :

« Tous les principes de la constitution sont avoués, reconnus, consacrés par le roi lui-même. Le roi veut que la nation exerce la totalité de ses droits ; il déclare qu'il entend la rétablir dans l'entier exercice des droits qui lui *appartiennent*. Il renonce à demander aucun impôt sans le concours des états-généraux. C'est à cette assemblée qu'il demandera des avis et des représentations sur ses projets de législation. Le roi n'entend se réserver de pouvoir que celui qui a toujours été dans les mains du monarque. »

Le chancelier de l'Hôpital n'est pas moins explicite , et voici comment M. de Marillac, archevêque de Vienne, répondait aux adversaires des états-généraux :

« On ne manquera pas de dire que les états-généraux sont une

vieille institution tombée en désuétude, et qui achèverait de tout perdre dans un moment de trouble et de division. Je réponds que si ceux
qui s'autorisent de la longue interruption des états-généraux pour les
réprouver connaissaient l'histoire de ces assemblées, il est au moins
douteux qu'ils osassent s'autoriser d'un pareil crime ; car à quel autre
crime faut-il rapporter les calamités que nous éprouvons, et n'est-il
pas évident que, si les états eussent continué à s'assembler, la corruption ne serait pas venue au point où nous la voyons ? Leur cessation
a ouvert la porte à une foule d'expédiens nouveaux, de trompeuses
ressources et de larcins déguisés, qui ne cesseront de dévorer l'état
jusqu'à ce qu'il se soit rapproché de sa constitution primitive.»

Cette remarque, si juste alors, l'est encore bien plus aujourd'hui que
les révolutionnaires nous en ont éloignés le plus qu'ils ont pu, loin de
nous en rapprocher. Nous pourrions multiplier les témoignages avec
la *Gazette* ou en citer d'autres ; mais nous croyons ceux-là suffisans.

Enfin, elle établit la vérité par les faits, et ils sont tellement multi-
pliés, qu'il ne s'agit que de parcourir l'histoire de notre belle France
pour les trouver soi-même. Mais comme la mauvaise foi révolutionnaire, battue sur les faits, se réfugie dans ce qu'elle appelle le peu
d'importance des attributions des assemblées connues sous le nom de
Champ-de-Mars, de Champ-de-Mai, et enfin d'états-généraux, la
Gazette de France l'y poursuit en montrant, par des faits encore,
qu'elles étaient au contraire très étendues et très importantes ;
qu'elles votaient d'abord les subsides pour la guerre et autres
besoins de l'état, ce qui emportait nécessairement la critique de
la dépense, et même limitait le droit que le roi avait de faire la guerre
car on pouvait refuser les subsides qu'elle ne voulait pas sanctionner,
les traités qui lui semblaient trop onéreux pour la France, soit sous
le rapport pécuniaire, soit par la perte de quelques parties du territoire, comme sous le roi Jean, prisonnier chez les Anglais, ou sous
François Ier qui, pour se tirer des mains de Charles-Quint, avait promis des choses qui excédaient son pouvoir, pour parler le langage des
députés de Bourgogne.

Les questions de régence, voire même celles du mariage des princes
et des princesses de la famille royale, comme il arriva sous Louis XII,
lorsque, par le traité de Blois, il avait promis de donner sa fille, Mme
Claude, issue de son mariage avec Anne de Bretagne, lequel mariage
entraînerait la perte du beau duché de Bretagne. Enfin, ces assemblées connaissaient de tous les abus à réformer, et pouvaient proposer
toutes les améliorations qu'elles jugeraient praticables.

Les présomptions morales, les témoignages, les faits, se résument
admirablement dans l'analyse que M. de Clermont-Tonnerre fit dans
la séance du 25 juillet 1789, des cahiers des baillages :

« Le gouvernement monarchique, l'inviolabilité de la personne sacrée du roi, l'hérédité de mâle en mâle à la couronne, sont également
ment reconnus et consacrés par le plus grand nombre des cahiers, et
ne *sont mis en question par aucuns.*

» 2° Le roi est également reconnu comme dépositaire de toute la
plénitude du pouvoir exécutif.

» 3° La responsabilité de tous les agens de l'autorité est demandée généralement.

» 4° Quant au pouvoir législatif, la plupart le reconnaissent comme résidant dans la représentation nationale, sous la clause de la sanction royale; et il paraît que cette maxime des capitulaires : *lex fit consensu populi et constitutione regis*, est généralement consacrée par vos commettans.

» 5° Quant à la durée, le plus grand nombre a demandé la périodicité des états-généraux, et ils ont voulu que le retour périodique ne dépendît ni des intérêts, ni de la volonté des dépositaires du pouvoir.

» La nécessité du consentement national de l'impôt est établie par tous les cahiers.

Quant aux corps administratifs ou provinciaux, tous les cahiers demandent leur établissement.

» L'inviolabilité de la personne des députés est reconnue par le plus grand nombre des baillages ; elle n'est contestée par aucuns.

» Enfin , les droits des citoyens , la liberté, la propriété , sont réclamés par toute la nation française ; elle réclame , pour chacun de ses membres , l'inviolabilité des propriétés particulières , comme elle réclame, pour elle-même , l'inviolabilité de la propriété publique. Elle réclame, dans toute son étendue, la liberté individuelle , la liberté de la presse ; elle s'élève avec indignation contre les lettres de cachet. »

On le voit, ce résumé des cahiers n'était autre que les principes de la constitution française, développés par le mouvement des esprits et les progrès de la civilisation, et ces cahiers n'étaient pas l'ouvrage de cent soixante mille censitaires , mais le vœu de sept millions de Français qui avaient concouru à nommer ceux qui les avaient rédigés, et ceux qui en avaient été chargés. C'était la où il fallait s'arrêter.

Que de sang, que de crimes eussent été épargnés à notre illustre terre de France, où l'honneur était en si grande vénération ! Que de maux eussent été prévenus, et, malgré cinquante ans de déchirement, nous en sommes encore à demander ce que nous offrait si paternellement le meilleur des rois. Nous avons reculé, et de beaucoup, sur tous les points.

Nous ne terminerons pas sans exprimer le désir de voir le remarquable écrit de la *Gazette de France* entre les mains de tous les Français. C'est comme leur titre au droit d'être appelés la grande nation, la nation qui, jusqu'en 90, avait été digne d'être le modèle de toutes les autres, et de marcher en avant dans la voie de toutes les améliorations.

Honneur à la *Gazette de France*, de rétablir ainsi nos titres que la révolution cherche à effacer pour dominer la France par la corruption et le despotisme.   (*Orléanais.*)